50 (petites) EMMERDES QUAND ON AIME LE FOOT

Du même auteur, aux éditions Leduc Humour :

Guide de survie du jeune papa, 2022.

Il ne faut pas tirer des plans sur la moquette, 2016.

Cet ouvrage est composé de matériaux issus de forêts bien gérées certifiées FSC®, de matériaux recyclés et de matériaux issus d'autres sources contrôlées.

MIXTE
Papier | Pour une gestion forestière responsable
FSC® C022829

Achevé d'imprimer en septembre 2022
sur les presses de la Nouvelle Imprimerie Laballery
58500 Clamecy
Dépôt légal : octobre 2022
N° d'impression : 209250

Imprimé en France

La Nouvelle Imprimerie Laballery est titulaire de la marque Imprim'Vert®

Par les créateurs de TOPITO

Laurent Moreau

(petites) 50 EMMERDES QUAND ON AIME LE FOOT

LEDUC HUMOUR

L'AVANT-MATCH

Vous avez choisi de commencer ce livre par le paquet de petites emmerdes quotidiennes amenées par votre amour pour le football. Ça arrive à des gens très bien, ne vous en faites pas. Bon, il se trouve que la vraie introduction de ce bouquin se trouve du côté des plaisirs, à une centaine de pages de là, de l'autre côté du livre. C'est vrai que dans la vie, ce sont souvent les emmerdes qui surpassent les plaisirs, mais cette fois on a décidé que ce serait l'inverse : ce sont les plaisirs qui ont gagné le toss.
On ne va pas vous forcer pour autant à retourner le livre pour lire l'intro, on vous résume ça grossièrement ici. J'adore faire des listes, j'en fais trop, je pense même des fois qu'il faudrait que j'arrête. Mais cette grande liste sur le foot me semblait importante parce que nous sommes nombreux à consacrer beaucoup de temps à ce sport, beaucoup, sans doute trop (et pour pas mal de gens autour de moi, ça ne

NOTE DE L'AUTEUR

Salut, c'est « l'auteur » (c'est comme ça que m'appelle mon éditrice au bout de 7 ans à travailler ensemble, à chaque fois que j'arrive elle dit « tiens, voilà l'auteur », et moi j'entends « tiens, voilà l'autre con », je crois qu'elle ne m'aime pas trop). J'espère que vous ça va. Moi ça va. Merci d'avoir ce livre dans les mains, à part évidemment si quelqu'un vous y a forcé, dans ce cas-là, merci à celui ou celle qui vous a contraint à le lire. Une petite précision avant de commencer : les 100 plaisirs et emmerdes qui vont suivre ne sont pas à proprement parler classés par ordre d'importance. Il s'agit plus d'une liste que d'un classement, et vous pouvez me faire confiance pour les listes, on en a écrit plus de 35 000 sur Topito. Vous pouvez donc les prendre dans le désordre, ou les lire à l'envers si ça vous chante, mais je ne vous garantis pas que ça ait beaucoup de sens. Pas un classement à proprement parler donc, mais ce n'est pas le chaos non plus, il y a quand même des chances que le 35 suive le 34 et soit juste avant le 36. Fallait que ce soit dit. Maintenant que c'est précisé, je peux tranquillement me remettre derrière votre épaule pendant que vous lisez. Oui, je sais, c'est très agaçant, mais j'aime bien. Bonne lecture, on se retrouve à la fin pour le débrief.

L'AVANT-MATCH

Vous avez choisi de commencer ce livre par les plaisirs liés à votre amour pour le football, ça en dit déjà long sur vous. Vous êtes un(e) épicurien(ne), vous aimez profiter des belles choses, vous arrivez à toujours faire ressortir le bon côté d'un événement. Ma boulangère dirait que c'est typique du Sagittaire, ce côté toujours positif.

C'est une manière de voir les choses. Bon, ça peut aussi ne pas vouloir dire ça du tout, et sans doute qu'en vrai ma boulangère n'y connaît rien, ni en Sagittaire, ni en Poisson. C'est peut-être tout simplement que la libraire avait placé le bouquin de ce côté sur l'étagère, ou que vous n'aviez pas saisi que le livre pouvait se lire dans les deux sens. (Si vous retournez le livre, vous avez aussi la partie « emmerdes ». Ne vous en voulez pas, c'est un peu technique, on n'a pas compris tout de suite non plus.) Quoi qu'il en soit, vous avez bien fait de commencer ici.

Depuis quelques années, pour moi, faire des listes est devenu une sorte d'obsession, une maladie, m'a même affirmé mon psy (au prix où je le paye, j'ai trouvé ça quand même gonflé), et le site Topito que j'ai co-créé m'a permis de vivre au grand

jour ma névrose. Faire des listes, n'en déplaise à ce salopard de psy, c'est pourtant essayer d'y voir un peu plus clair dans sa tête, c'est faire le tri, c'est faire ressortir le meilleur de ce que l'on vit et le noter quelque part, sur un carnet ou un téléphone, pour toujours s'en souvenir. On oublie trop souvent ce(ux) que l'on aime avant de le(s) perdre, alors qu'il suffirait d'avoir un Post-it sous la main pour éviter cela.
Appliquer cette logique et dresser une grande liste de plaisirs liés au football, c'est plonger dans ses premiers souvenirs pour retrouver pourquoi on aime telle équipe, pourquoi on admire tel joueur. Pourquoi on se souvient d'un match plus qu'un autre, de ses premiers maillots, de sa première paire de crampons achetée avec son père. C'est revivre un après-midi de victoire où on a levé les bras vers le ciel plus haut que d'habitude. C'est se rappeler que c'est un sport qui se joue à 11 et que vous ne vous épanouissez qu'au sein d'un collectif, avec du monde autour. C'est sourire dans la fureur d'un stade, étreindre soudainement un inconnu qui supporte le même blason. C'est transmettre cette passion à des petites jambes qui vous accompagnent désormais sur le canapé et qui ne touchent pas terre en regardant un match, c'est devenir fier pour deux au bord du terrain un samedi après-midi.
Pour tout ça, ça valait bien le coup de faire cette liste.

(petits) 50 PLAISIRS QUAND ON AIME LE FOOT

1

AVOIR UN MAILLOT DE FOOT TOUT NEUF ET LE METTRE POUR ALLER À L'ÉCOLE

Vous en rêviez de ce maillot. C'est le même que porte tous les week-ends [mettre ici le nom de votre joueur préféré]. Alors forcément quand vous avez appris de la bouche de vos parents que « oui, ça pourrait être une bonne idée de cadeau, mais pour ton anniversaire », vous avez compté les jours. À la date fatidique, vous êtes entré dans le magasin comme on entre dans une cathédrale, en tenant la main de celui qui avait promis. Il était là, accroché trop haut, blanc, immaculé, avec une marque dessus que vous ne connaissiez pas, mais ça n'avait aucune importance. Vous pouviez enfin le toucher, il était encore plus beau de près.
Quand le vendeur vous a proposé de le floquer ce maillot et que papa a dit oui, vous avez trouvé ça super, mais vous

n'aviez aucune idée de ce que ça voulait dire. Vous avez choisi votre nom. Parce que votre nom sur ce maillot aussi prestigieux, ça sonnait comme un rêve. Et puis parce que porter le maillot de [mettre ici le nom de votre joueur préféré], c'était presque trop, vous ne le méritiez pas, du moins pas encore. Vous n'avez pas pu le garder sur le dos pour sortir du magasin, et vous n'avez pas compris puisque vous aviez toujours fait ça pour les chaussures neuves. Le maillot a dormi avec vous, vous lui avez fait une place à côté de vous sur le lit. Et le lendemain, pour aller à l'école, il a fallu batailler pour que vous acceptiez de mettre un manteau par-dessus cette nouvelle relique de [mettre ici le nom de votre équipe préférée]. Deux-trois copains envieux remarqueront tout de suite : « Ouahhh, t'as le nouveau maillot de [mettre ici le nom de leur joueur préféré aussi] », vous avez fait semblant d'avoir déjà oublié en lâchant un simple « ah oui... ». Mais vous étiez pressé de leur montrer à la récré qu'avec ce maillot-là venaient forcément aussi les super-pouvoirs qui allaient avec. Une récré encore dans toutes les mémoires de l'école, à ce qu'il paraît.

2

SE RÉJOUIR QU'IL PLEUVE UN DIMANCHE PARCE QU'IL Y A TROIS SUPER MATCHS À LA TÉLÉ

D'habitude, il vous faut presque trouver des excuses pour rester à la maison. Le dimanche, « c'est fait pour sortir et découvrir », qu'elle dit. Mais là, lorsque la carte de l'Hexagone apparaît montrant des petits nuages qui recouvrent toute la France et « vont stagner toute la journée à cause d'une dépression qui vient de l'est », vous êtes tout content. Même quand la dépression vient d'une autre direction d'ailleurs. L'important, c'est que vous n'aurez aucun scrupule à ne pas bouger de la journée, vu le temps pourri dehors. Oh, vous seriez bien sorti sinon, « c'est trop bête chérie, je suis déçu », mais avouez que ça tombe plutôt pas mal avec ce match à 13 heures, l'autre à 17 heures et le dernier à 21 heures. Le dimanche, c'est aussi fait pour passer d'un stade à l'autre sans bouger de son canap'.

3

TROUVER LE TITRE DE *L'ÉQUIPE* LE LENDEMAIN

Aimer le football, c'est aimer aussi les avant- et les après-matchs. Parce qu'il ne suffit pas de regarder les 90 minutes, ça serait trop simple. Parmi les plaisirs d'après-match, il y a des challenges plus difficiles à relever que d'autres : celui d'imaginer ce que pourrait être le lendemain matin le titre de *L'Équipe*, le plus grand journal sportif français (et aussi le seul, c'est vrai), en fait partie. C'est une quête sans fin, sans cesse renouvelée chaque matin. Parce que j'ai cherché depuis plus de 20 ans, je vous file ces quelques conseils. Il faut d'abord trouver l'axe de la une, en analysant le fait marquant du match de la veille. Attention, des fois c'est simplement un joueur qui prend une bouteille sur la tronche, c'est complexe.

Puis toujours chercher un jeu de mots, dont les lecteurs français raffolent, par exemple « Comme un seul OM », si la solidarité de l'équipe marseillaise l'a menée à la victoire la veille. Si on ne voit rien d'évident de ce côté-là, aller faire un tour du côté des références cinématographiques, par exemple *Paris brûle-t-il ?* après une défaite en match aller de huitième de Champion's League. Oui, il y a donc des règles. Mais bien sûr, il y aura aussi toujours de temps en temps les impondérables, comme le « Va te faire enculer, sale fils de pute », d'Anelka à Domenech, alors que vous vous étiez bêtement concentré sur le naufrage de l'équipe de France. *L'Équipe*, comme la banque au casino, sait jouer avec vos nerfs et sort parfois de son chapeau l'introuvable, qui donne l'impression de jouer avec des dés pipés.
Attention : si par bonheur, fait rarissime, vous aviez fait la bonne prédiction un matin, sachez que toutes les bonnes titrailles de unes trouvées ne se valent pas. Tomber juste sur un « Pour l'éternité » du 13 juillet 1998, ou un « Un bonheur éternel » du 16 juillet 2018, c'est le graal, l'équivalent d'une

super cagnotte de l'EuroMillions. Et l'opportunité de dire à chaque fois qu'un pote passera devant cette une que vous aurez fait encadrer et qui, mise sous verre, trônera dans votre salon : « Quel souvenir, hein… et en plus j'avais trouvé le bon titre… » Il ne vous croira sûrement pas puisque lui aussi de son côté cherche chaque matin, et ne trouve jamais. Rassurez-vous, les chances de découvrir le bon titre en s'étant projeté dans la tête du rédac chef sont en réalité infimes, les stats sont formelles là-dessus. La bonne nouvelle, c'est que *L'Équipe* faisant 98,2 % (à vue de nez, hein) de ses unes sur le foot, ça offre des opportunités quasi quotidiennes d'essayer. Ça vous semble toujours intouchable ? N'oubliez pas que Canet-en-Roussillon, club de National 2, avait aussi peu de chances d'éliminer l'OM en Coupe de France, mais qu'ils l'ont fait, les miracles arrivent. Alors cherchez. Et le lendemain matin quand *L'Équipe* titrera « Le grand soir » comme vous l'aviez prédit, vous pourrez dire avec un grand sourire et le journal en main : « Je le savais… »

4

DEMANDER À DES GAMINS SUR LA PLAGE SI VOUS POUVEZ JOUER AVEC EUX

On dit que « le football est un langage universel dans le monde entier », parce qu'on aime bien se donner l'impression de dire des choses profondes, alors qu'en fait, bof. Ce qui est vrai par contre, c'est qu'aimer le foot vous a déjà permis de vous tirer de profonds ennuis. Comme lorsque vous êtes à la plage l'été, après avoir attendu ces vacances pendant 10 mois, et avoir compris au bout de seulement 10 minutes seulement qu'il n'y a pas grand-chose de plus chiant dans la vie que d'être étendu sur sa serviette en regardant une vague succéder à une autre. Alors forcément, quand vous voyez ces gamins commencer un match de foot à 50 mètres de là après avoir tracé les lignes au talon dans le sable mouillé, ça fait envie. Donc vous prenez votre courage à deux mains et vous demandez, comme avant quand vous faisiez leur taille : « Je peux jouer ? » Surpris, ils ne disent jamais non. Pour respecter le jeu et ne pas déséquilibrer la partie, vous choisissez d'abord de vous mettre dans les buts. Vous laissez même volontairement passer un tir, pas terrible en plus, en vous excusant faussement. Et puis rapidement, l'envie prend le dessus, vous dribblez d'abord un joueur en sortant de vos cages délimitées par deux seaux d'eau, puis deux, puis trois. Puis vous demandez au moins bon des gamins d'aller dans les buts, et vous oubliez complètement que vous avez au moins le triple de l'âge du moindre joueur. Au point de répondre à un môme, qui considère qu'il y avait hors-jeu sur un but, qu'il raconte n'importe quoi et que tout le monde sait qu'il n'y a pas de hors-jeu dans ce genre de match. Vous êtes alors ramené à la réalité par votre femme/copine du moment qui finit par vous dire « bon, on y va ?! » et vous lui répondez « attends encore un but », comme avant. Finalement, la plage, ça peut avoir du bon.

5

DEMANDER UN AUTOGRAPHE À UN JOUEUR POUR SON FILS ALORS QU'ON N'A PAS D'ENFANTS

Quand on était petit, obtenir une signature de joueur sur un ballon, un maillot, un billet de stade ou un bout de carton, n'importe quoi en fait, c'était un trophée qui n'avait pas d'égal. Parce que cette signature, c'était un bout de lui, un morceau de la star, pour de vrai, qu'on ramenait chez nous. La quasi-assurance qu'avec cet autographe à vos côtés, vous aussi vous alliez logiquement faire carrière dans le foot puisque ce sésame veillait sur vous chaque soir au-dessus de votre lit. Alors aujourd'hui encore, 20 ans plus tard, quand il vous arrive de croiser un joueur à la sortie d'un entraînement ou d'un match, il y a toujours une petite partie de vous, celle qui n'a pas complètement oublié, qui rêve toujours secrètement d'obtenir une petite signature griffonnée sur un morceau de papier. Mais comme on assume moins, parce qu'un adulte ça ne demande pas ces choses-là, un adulte ça ne rêve pas, ça paye des impôts, monsieur, on précise en prenant les devants que « c'est pour Matthéo, il a 8 ans, il est fan », alors que personne ne vous avait rien demandé, et que Matthéo, le vôtre en tout cas, n'existe pas. Bel effort, mais vain parce que vous serez de toute façon grillé, étant donné que maintenant c'est une photo qu'on demande quand on croise une star, pas une signature. Les smartphones ont donc peut-être tué les autographes, mais vous repartirez avec le petit sésame dans la poche. Et même si Matthéo existait, il pourrait se gratter pour que vous le lui donniez parce que : « C'est Mbappé qui me l'a signé. »

6

ÉCHANGER DES SOURIRES DISCRETS AVEC UN COLLÈGUE UN LENDEMAIN DE MATCH PARCE QUE, VOUS LE SAVEZ, IL SUPPORTE LA MÊME ÉQUIPE QUE VOUS

Dans la boîte, personne n'est au courant. Rien d'ostentatoire sur votre bureau, pas de petit drapeau du club qui traîne, pas de une accrochée qui pourrait vous trahir, rien. Vous ne supportez pas la même équipe que 99 % des gens de la boîte, mais c'est votre secret. Vous, le PSG, c'est pas votre truc. D'habitude vous faites semblant, semblant de fêter les victoires en même temps qu'eux, vous avez même des phrases toutes prêtes pour ça : « Oh, ce qu'on leur a mis »,

« Y a même pas eu de match ». Mais ce matin-là, alors que votre équipe a finalement battu le grand Paris et que vous devez faire semblant d'avoir la mine défaite, vous croisez le regard d'un collègue qui, comme vous, supporte « l'OM/Bordeaux/Lyon/Lorient » (rayez la mention inutile), et vous souriez très discrètement. Intérieurement, vous hurlez votre bonheur, à deux doigts de dire à tous ces cons : « Hier soir, on vous a bien niqués !!! » Mais non, pas un mot, juste un sourire en coin perceptible. Assez en tout cas pour que ce signal soit capté par un gars de l'autre open space, que vous ne connaissez pourtant que de vue. Et qui, au lieu de vous balancer à la vindicte populaire, vous renvoie le même sourire complice. Il sait que vous savez, et inversement. Il sera désormais votre partenaire de crime chaque lundi. Un complice télépathe, qui hurlera secrètement avec vous après chaque victoire : « Ce qu'on leur a mis hier, bordel ! »

7

AVOIR UNE DISCUSSION SANS FIN POUR SAVOIR QUI EST VRAIMENT LE MEILLEUR JOUEUR DU MONDE

Parce que, oui, ça compte de savoir qui, de Pelé, Maradona, Messi, Ronaldo, Cruyff, Platini ou Zidane, est bien le meilleur joueur du monde, surtout à l'heure de l'apéro. Alors on sort les stats et les chips, les « évidemment », les « objectivement », les « tu peux pas dire ça », on fait appel aux souvenirs, à des vidéos incroyables que personne d'autre n'a vues et qui mettraient pourtant tout le monde d'accord. Mais on ne sera jamais d'accord, même avec soi-même d'une semaine à l'autre sur le sujet. Jamais on a dit que Maradona était le meilleur, JAMAIS TU M'ENTENDS ? Ou peut-être dimanche dernier à la rigueur, mais on ne se souvient pas. C'est bien parce qu'au final on s'en moque de ce classement, ce qui est important là-dedans, c'est l'échange, la discussion sans fin, la sensation de confronter son opinion, de partager quelque chose. Si on s'engueule gentiment, c'est au moins qu'on s'intéresse. Alors non, ce soir, on ne saura pas non plus qui est vraiment le meilleur joueur du monde, on ne le saura même jamais, mais ça ne nous empêchera pas d'avoir un avis, de demander s'il reste des chips, et on partira faussement fâchés, mais bons copains. À moins que sur le pas de la porte vous ne relanciez la discussion qui venait de se terminer par un « de toute façon, ça ne sert à rien de dire tout ça, Mbappé effacera bientôt tous ces mecs ». Car, objectivement, vous ne pouvez pas dire ça.

8

SE DIRE QUE ÇA POURRAIT ÊTRE PIRE ET QU'ON POURRAIT ÊTRE FAN DE CYCLO-CROSS

Pas qu'on ait quelque chose contre les fans de cyclo-cross. Ils sont deux et ils ont l'air heureux, donc laissons-les tranquilles. Mais en choisissant le foot, on choisit le sport le plus médiatisé, celui qui fait la une des journaux tous les jours, celui qui est diffusé quotidiennement à la télé si on a besoin de sa dose, celui qui donne la possibilité de vivre sa passion jusqu'à l'excès. On sait que c'est trop, évidemment, et puis en zappant le soir, on jette quand même un œil sur un match anglais quelconque, sur une chaîne qu'on avait (presque) oublié qu'on payait. On ne regardera pas, mais si on voulait, on pourrait. Un peu comme Orelsan qui aime être seul mais avec des gens autour, vous choisirez peut-être de ne pas regarder le match du jour à la télé, de ne pas vous intéresser à la dernière polémique du mercato, mais si vous vouliez, vous pourriez, et c'est suffisant à votre bonheur. Et puis quand même, à bien y réfléchir, le cyclo-cross, ça a l'air vachement dur. Et vous n'aimez pas vous épiler les jambes.

9

EMBRASSER DES GENS QU'ON NE CONNAÎT PAS JUSTE PARCE QUE SON ÉQUIPE VIENT DE MARQUER

Les grands rendez-vous des grands matchs de foot, c'est toujours un peu d'organisation. Soit pour réussir à prendre un billet pour le match des semaines à l'avance, mais c'est rare. Soit pour décider de l'endroit où on le regardera. Faute de bars dans le coin qui auraient une télé assez grande, ça sera finalement chez vous. Et rapidement, des potes ramèneront des potes en vous précisant « si ça te dérange pas » mais sans trop vous laisser le choix, « parce qu'il est tout seul, tu vois… ». Peu importe, tant qu'il aime le foot. Et c'est comme ça que vous vous retrouverez après 80 minutes d'angoisse à vous jeter dans les bras d'un parfait inconnu pour une tête imparable au premier poteau sur un corner bien tiré. Un but libérateur, c'est une explosion, ça se fête. Alors on s'enlace spontanément, sans réfléchir, et on sautille péniblement sur place. Cette tête-là, vous vous en souviendrez toute votre vie, mais il est fort probable que David, le pote de pote, puisque c'est comme ça qu'on vous rappellera qu'il se nommait 10 ans plus tard, vous n'en ayez aucun souvenir. Qu'importe, mais cette tête, quand même…

10

SE DIRE QU'HEUREUSEMENT ON EST FAN D'UN SPORT SANS DOPAGE

On aurait pu plus mal tomber, être fan de cyclisme ou d'haltérophilie évidemment. Mais non, on est fan de foot, on se sait donc fan d'un sport propre. Une fois pour toutes, le dopage dans le foot, ça n'existe pas, c'est même Cristiano Ronaldo qui le dit : « Le football est 100 % propre. » Quel intérêt auraient d'ailleurs les joueurs à se doper, aucun produit ne vous fera mieux dribbler, aucune piqûre ne vous rendra tueur devant le but. Nan, les déclarations d'un José Touré dans les années 1980, le procès de la Juve de Deschamps et Zidane, les équipes de Guus Hiddink capables d'enchaîner des marathons, Diego en 1994, la nandrolone, les veuves du Calcio, tout ça, c'est du flan, « rien n'a été prouvé ». La plus grande force du foot, c'est bien de croire à tout ça, ou de faire semblant d'y croire, alors que vu les sommes en jeu, il est difficile de ne pas imaginer bien pire que les quelques histoires et témoignages existants. Faire partie d'un tel aveuglement collectif, sans avoir à prendre la moindre substance, c'est magique. Alors merci.

11

DIRE « J'Y ÉTAIS » QUAND ON ÉVOQUE UN GRAND MATCH*

France-Brésil 2006 qui débarque dans une discussion d'apéro. Vous laissez vos potes donner leurs impressions en premier sur ce match gigantesque de Zidane, sur Roberto Carlos qui remonte ses chaussettes sur le coup franc au lieu de défendre, sur la composition des jaunes brésiliens. Vous laissez parler, même si vous entendez des choses que vous aimeriez corriger,

* Ça marche aussi avec n'importe quel match de n'importe quel niveau (même celui où Bébert est arrivé encore bourré de la veille), s'il implique un but incroyable, une expulsion légendaire, un arbitre nain qui s'est blessé, la fois où on a dû finir le match à 8…

et vous attendez le moment opportun pour sortir l'arme secrète, celle qui imposera un petit temps de silence : « Ouais, moi j'y étais, j'étais au stade. » On vous écoutera alors religieusement, vous ajouterez alors tous les détails qui rendent un récit crédible et haletant, le temps qu'il faisait, votre position dans le stade. Souvent vous ne serez qu'à quelques mètres de l'action, Zidane il était là, à 10 mètres de vous en train de martyriser Bebeto. Même si ce n'est pas vrai, enfin pas vraiment, les souvenirs nous rapprochent souvent magiquement des actions décisives. L'important, c'est de marquer votre territoire et de prendre vos distances avec vos interlocuteurs : eux parlent d'un match historique, alors que vous, vous avez fait partie de l'histoire, elle s'est déroulée sous vos yeux. Bref, fallait y être.

12

AVOIR LA COUPE CHEZ SOI QUELQUES JOURS QUAND SON ÉQUIPE VIENT DE LA GAGNER

C'était peut-être pour un simple tournoi de fin d'année, pas forcément pour une finale départementale, mais vous aviez gagné. Vous ne savez plus trop si vous aviez marqué ou pas, mais vos souvenirs reconstruits vous font encore croire que oui. Et la tradition quand on gagnait (on ne gagnait pas si souvent, mais on avait prévu tout le protocole au cas où), c'était que, les uns après les autres, on pouvait garder la coupe chez soi pendant une semaine. Cette fois-là, c'était vous en premier. Alors ce jour-là vous êtes rentré à la maison en portant le trophée à bout de bras, tellement fier. Il était lourd, énorme, avec « vainqueur » inscrit sur le socle, sans précision supplémentaire pour qu'il puisse servir à n'importe quelle compétition. Sans prendre de photos comme vous le feriez forcément aujourd'hui, vous l'avez mis dans votre chambre, cherchant la meilleure place, la plus digne, sur votre bureau d'abord, puis en haut de l'armoire pour pouvoir le voir aussi depuis votre lit. Pendant une semaine, vous étiez le roi, et fort logiquement cette coupe était votre ballon d'or, la première chose que vous regardiez le soir en posant votre cartable. Il a fallu le rendre une semaine plus tard, enfin un peu plus parce que vous avez gagné quelques jours en « l'oubliant » au premier entraînement. Mais s'en séparer n'avait finalement pas été trop difficile puisque vous l'aviez transmis à votre copain Vincent : il est rare et toujours agréable pour un roi d'avoir la chance de choisir son successeur de son vivant.

13

REFAIRE UN ALBUM PANINI À 35 ANS

Vous l'aimez ce gamin. Vous sentez qu'il n'est pas vraiment fan de foot, mais vous l'aimez quand même. Enfin, disons que vous l'aimez bien. Donc pour lui faire plaisir, vous lui avez acheté l'album Panini de la saison de Ligue 1. Avec une cinquantaine de pochettes à ouvrir pour commencer. Plus que vous n'en avez jamais eu pour votre anniversaire, alors que lui c'est MÊME PAS SON ANNIVERSAIRE. Bref. Vous sentez bien sa joie quand vous lui tendez le graal à remplir, « quand même… » pensez-vous. Vous lui expliquez les règles de base d'un album Panini, les traditions à respecter pour coller, l'importance des cartes en double pour les échanges, les cartes rares. Que non, on n'ouvre pas tous les paquets n'importe comment, nan nan. Et puis qu'on trie les doubles tout de suite, sinon c'est le bordel, qu'est-ce que tu fais ? Attention, quand on colle, de bien tenir les deux angles en haut, le reste suivra. Alors quand il se trompe au bout du deuxième sticker en se gourant carrément de page, en ajoutant que c'est pas grave et quand est-ce qu'on goûte, vous vous dites que le fait que vous l'aimiez bien ce gamin, franchement c'est déjà pas mal. Vous finirez tout seul en vous faisant en plus engueuler par sa mère, qui vous demandera pourquoi le petit pleure dans la cuisine. Vous vous en foutez, vous avez chopé la carte de Messi. En double en plus.

14

FAIRE LE TRAJET DE RETOUR EN BAGNOLE APRÈS UNE VICTOIRE À L'EXTÉRIEUR

Alors non, ça n'arrive pas tous les jours. Mais vous avez coché cette date-là dans le calendrier, parce que « 300 kilomètres, ça se fait vite », parce qu'on n'aura « pas 100 fois l'occasion », et qu'en « partageant les frais à quatre, c'est que dalle ». Aller supporter son équipe de cœur à l'extérieur, c'est un pèlerinage, un passage obligé. On ne parle pas ici de partir en bus avec les groupes de supporters, en meute, mais de faire ce pèlerinage avec trois potes, en agents infiltrés, qui eux aussi ont réservé leur samedi soir sur la route. On se fait tout petit, loin du parcage supporters, mélangé aux rouges alors qu'on est bleu, on fête le(s) but(s) de son équipe discrètement pour ne vexer aucun supporter local, attendant nerveusement la fin du match, et le sourire aux lèvres on regagne la voiture qu'on cherche sur ce parking qu'on ne connaît pas. Une fois tous assis et les portes fermées, c'est là que la célébration commence réellement. On crie, on se refait le match, on y va chacun de son action préférée, on débat sur la qualité des hot-dogs à la mi-temps, on cherche les buts du soir sur Internet mais on n'a pas de réseau en bagnole. On s'arrête à mi-chemin pour évacuer la bière, on trouve finalement les buts avec des commentaires en arabe sur YouTube et on réalise qu'on n'avait pas vraiment vu ça, on reprend la route, on se demande pourquoi on ne fait pas ça plus souvent : 300 kilomètres quand on a gagné, c'est rien du tout.

15

TROUVER QU'ON A PASSÉ UN SUPER WEEK-END SURTOUT PARCE QUE SON ÉQUIPE EST EN TÊTE DU CHAMPIONNAT

Disons que vous êtes fan de l'OM*. Il y a des week-ends où tout sourit, où les bonnes nouvelles s'enchaînent. Dès le vendredi soir, Lyon perd son match avancé. Ça part bien. Nice est battu à la 92e minute le samedi à 17 heures par un promu. Paris est accroché au Parc par Lens quelques heures plus tard, on ne peut pas non plus demander des miracles, Paris qui ne gagne pas, c'est déjà pas mal. Vous-même, vous

* Ça marche aussi si vous êtes fan de Paris, Lyon, Lille. Ou Monaco – même si on a un sérieux doute sur le fait que les fans de Monaco existent, évidemment.

gagnez le Five organisé le dimanche matin alors que vous étiez un de moins, vu que David ne s'est pas réveillé (et ça devient chiant, c'est pas la première fois qu'il prend une cuite la veille). Un ou deux résultats du dimanche après-midi confirment ce week-end béni des dieux, qui se termine en beauté par une victoire 3-0 au Vélodrome dans le grand match du dimanche soir. Grand Chelem. Vous pouvez aller vous coucher après un week-end bien rempli, le sentiment du devoir accompli, même si vous n'y êtes pas pour grand-chose. Le lendemain quand on vous demandera comment était votre week-end, vous répondrez « pas mal », parce que vous avez la victoire modeste.

16

AVOIR ENFIN FOOT EN COURS DE SPORT POUR POUVOIR FRIMER

Tout le premier trimestre vous avez fait gym. Horrible. Cheval-d'arçons, tapis qui sentent les pieds, roulades ridicules. Et au deuxième trimestre piscine. Pas de quoi vous mettre en avant puisque votre seul savoir-faire en nage consiste à savoir ne pas vous noyer, ce qui est déjà suffisant à vos yeux. Mais au troisième trimestre, par manque d'inspiration ou par pure fainéantise, le prof d'EPS a dit « foot ». Tout le trimestre. C'est là que vous avez pu par petites touches d'abord démontrer tous vos *skills*, votre science du jeu, vos gestes que personne d'autre ne savait réaliser. Vous comprenez enfin ce que vos parents voulaient vous dire quand ils vous assénaient devant vos devoirs de maths : « Tu verras, le travail paie toujours. » Vous ne savez toujours pas comment calculer la longueur d'un vecteur, mais vous savez que vos heures passées à l'entraînement le lundi soir, le mercredi après-midi et le jeudi soir vous ont permis de faire 436 jongles devant Virginie qui n'en revenait pas.

17

S'IMAGINER SUR LE TERRAIN QUAND RÉSONNE *LA MARSEILLAISE* AVANT UN MATCH

Il y a d'abord eu la sélection et l'explosion de joie. Depuis le temps que vous l'attendiez. Pas comme un acquis évidemment, mais quelque chose pour lequel vous avez tant travaillé. Le stage qui a suivi, cinq jours sur un nuage où vous ne réalisez pas encore trop, l'annonce de votre titularisation la veille du match. La nouvelle à vos proches, discrètement, par un simple SMS, pour ne pas en faire trop avant. Et puis la remise des maillots dans le vestiaire, très simple mais empreinte d'un cérémonial qui vous écrase, un maillot bleu avec le coq, on marche dans les pas des plus grands. Vous vous posez la question sans avoir la réponse, combien êtes-vous à avoir déjà vécu ce moment, combien êtes-vous à avoir ressenti cette fierté ? L'entrée sur la pelouse sous la musique et les cris, dans les tribunes votre famille, certains

se tiennent la main, vos amis, tous, pourquoi ne seraient-ils pas tous là, des visages qui vous viennent en tête, eux aussi très touchés. Vous tâchez d'évacuer tout ça très vite. Mais *La Marseillaise* vous rattrape, c'est pour vous que vous avez fait tout ça, mais c'est aussi pour eux, même ceux qui ne sont plus là. Vous avez couru après leur fierté tout ce temps et vous leur rendez aujourd'hui. À partir de ce jour vous allez pouvoir tracer votre chemin. *Allons enfants*, mais aujourd'hui vous n'en êtes plus un. C'est à tout ça que vous pensez sur votre canapé certains soirs de grands matchs pendant les roulements de tambour des hymnes.
– Tu pleures ?
– Nan, pourquoi tu dis ça, je suis crevé c'est tout.
Vous ne serez jamais international. Mais ce soir, en fermant les yeux, vous vous êtes offert quelques secondes de fierté dans le regard de ceux qui vous aiment.

18

DÉCOUVRIR DES NOMS RONFLANTS AU MERCATO

Le mercato, c'est la période préférée du footeux. Parce que pendant la saison, on est plutôt sur des choses très concrètes, tangibles, victoires, défaites, crises du club, déclaration en conférence de presse, ligaments croisés, erreurs de la VAR... Mais le mercato, c'est un autre monde. Le mercato, c'est l'ouverture du monde des possibles, c'est le moment où on se réinvente, où on met tout à plat pour s'imaginer une nouvelle histoire commune. Pourtant au fond, on sait bien que tous ces noms, ce ne sont sans doute que des rumeurs, qu'on ne devrait pas trop y croire, mais on ne peut pas s'empêcher de penser que ça ferait quand même une équipe qui aurait de la gueule. On voudrait s'interdire d'espérer en étant rationnel, « nan, vu les finances du club, *il* ne viendra jamais », « l'enjeu sportif n'est pas assez important pour lui »... Et pourtant il y a un petit coin de votre tête qui ne peut s'empêcher d'aller vérifier plusieurs fois par jour sur Foot Mercato quels nouveaux noms incroyables vont débarquer dans le club, c'est certain et quasi signé. Mais il n'y a que croire qui ne coûte pas cher, bien moins cher en tout cas que cet attaquant que votre club n'aura jamais les moyens de s'offrir.

19

CONNAÎTRE LES VILLES ET VILLAGES DE FRANCE ET D'EUROPE

Aimer le foot, c'est aussi devenir bon en géographie. Enfin bon, disons déjà plus calé que plein de gens qui n'aiment pas le foot. Parce que les derbys du championnat vous ont permis de savoir que Nantes et Rennes sont très proches, mais qu'un des deux n'est pas en Bretagne. Parce qu'avec la Coupe de France vous savez maintenant exactement où se situent les petites villes de Carquefou, d'Andrézieux, ou du Canet-Roussillon, autant d'équipes amateurs qui ont éliminé l'OM. Parce qu'avec la Coupe d'Europe et ses premiers tours champêtres, vous savez que Tallinn est en Estonie grâce au FC Flora, qu'il faut près de cinq heures d'avion depuis Lyon pour se rendre à Saint-Pétersbourg jouer contre le Zenith. Aimer le foot, c'est avoir l'assurance que si un jour à « Questions pour un champion » vous tombiez sur « Villes d'Europe et leur club de foot », vous feriez un 4 à la suite. Cet événement est improbable, mais possible.

20

CHAMBRER AVEC UN SIMPLE « ALORS ??! » AU LENDEMAIN D'UNE VICTOIRE

Imaginons que vous soyez supporter de Marseille. Imaginons un classico Marseille-PSG. Imaginons encore que Marseille gagne (j'ai dit imaginons, on est dans le domaine du rêve hein, ne commencez pas). Imaginez maintenant votre réaction le lendemain quand vous arrivez au bureau, vous dirigeant l'air de rien mais à grands pas vers le bureau de vos collègues fans du PSG, un café dans la main et le sourire jusque dans l'autre. Vous n'allez pas en faire des caisses, vous n'allez pas vous répandre dans de longs commentaires sur le match de la veille, vous n'allez pas vous mettre à chanter « Aux aaarmes… » en levant les bras, parce que 1) vous avez un café brûlant dans la main, et 2) pour que ça sonne vraiment comme au stade, il faudrait être deux. Vous allez simplement les regarder dans les yeux et leur dire : « Alors ??! » Un « alors » qui évoque toutes vos frustrations des dernières années, qui veut dire « on-fait-moins-les-malins-maintenant-vous-voyez-ce-que-ça-fait-de-perdre-ça-fait-mal-hein ». Un « alors » qui sait aussi que tout ça est fugace et que les lendemains seront moins chantants parce que la pire défaite n'est jamais très loin de la plus belle victoire, mais qu'au moins ce matin on en profite.

21

ALLER ACHETER DES CHAUSSURES NEUVES AVEC SON PÈRE AVANT LE DÉBUT DE LA SAISON

Quand on fait du foot gamin, il y a un rituel immuable, c'est aller acheter ses chaussures à crampons juste avant la rentrée des classes. Souvent avec papa : un vieux reste patriarcal nécessite sa présence, et puis papa, du foot, il en a fait, alors il sait. Les chaussures, il en faut des neuves parce que le pied a grandi pendant l'été. C'est ce qu'on dira même si c'est pas vrai. Au tout début, on veut surtout des chaussures qui soient belles, avec une marque pour faire comme ses idoles, alors que papa veut surtout une paire en promo, une petite taille au-dessus pour que ça fasse plus de

6 mois – et au pire on mettra une semelle. Le vendeur nous dit que cette paire-là, tout orange, ce sont des chaussures qui marquent des buts, et on a envie de le croire même si on sait que c'est pas vrai. Papa demande quand même si on peut les ramener si c'était pas le cas. Alors on prend celles-là, elles ont tout : une marque à la virgule, une couleur flashy, et une réduc pour papa. On voudrait les garder aux pieds, mais il paraît que ça se fait pas pour des chaussures de foot. Tant pis. Elles dormiront à côté de nous ce soir dans le lit, et tous les soirs jusqu'au premier entraînement. On verra bien ce jour-là si elles marquent ou pas les buts annoncés. Papa restera pendant tout l'entraînement pour vérifier, au cas où.

22

ANNONCER UN BUT JUSTE AVANT QU'IL ARRIVE

Une soirée foot un peu électrique, 65e minute, 0-0, tension palpable, on n'ose même plus mettre sa bière à la bouche. On entend seulement les sons du stade et le commentateur qui égrène les noms - et aussi David qui, lui, mange des chips, il s'en fout royalement du match, il veut juste être avec des potes (note pour plus tard : ne plus inviter David). Et là, brisant le silence alors que votre équipe a le ballon et se projette à l'attaque, vous osez un énigmatique « merde, ça sent le but en contre ». Vingt secondes plus tard, l'équipe adverse a récupéré le ballon, et a marqué en seulement quatre passes un but à la vitesse de l'éclair, comme vous l'aviez annoncé. Vos potes vous fixent, incrédules, même David s'est arrêté de manger. « C'est dingue, tu l'avais annoncé. » Vous ne partez pas dans des explications compliquées, vous dites simplement, faussement humble, que « ça se voyait ». Sous-entendu : toute personne qui connaît un peu le football, mais pas vos potes visiblement, aurait dit la même chose. Vous les rassurez en leur disant « pas d'inquiétude, on va égaliser ». Quand votre équipe égalise effectivement sur corner 15 minutes plus tard, vous devenez implicitement, automatiquement et officiellement LE stratège du groupe, celui qui sait, celui qui voit, le Pep Guardiola du salon. Vous venez de gagner le respect des 10 prochaines soirées foot à venir. Oubliant du même coup que les 60 minutes précédentes de ce même match, vous avez annoncé absolument tout et n'importe quoi. Mais l'histoire ne retient que les vainqueurs.

23

S'IMAGINER QU'ON AURAIT PU FAIRE CARRIÈRE

Saloperie de ligaments croisés. Vous aviez tout pour réussir au plus haut niveau. Bon, là maintenant, c'est vrai que c'est difficile à imaginer avec la petite bouée qui commence à joliment arrondir vos hanches. Mais il fallait vous voir quelques années plus tôt, rapide, technique, avec une vraie vision du jeu. Personne ici ne pourra évidemment confirmer ou contredire cette analyse. Ce qui vous permettra tranquillement d'évoquer douloureusement votre blessure au genou, celle qui a mis fin à vos espoirs, comme une véritable blessure de guerre, oubliant de préciser que c'est au ski sur une piste bleue et non pas sur un terrain vert que c'est arrivé.

« À une semaine de la sélection départementale, tu te rends compte ? » Oubliant de préciser que vous aviez 14 ans et qu'il restait au moins une vingtaine d'étapes à franchir avant ne serait-ce que d'envisager une potentielle carrière à un niveau correct. Mais la cicatrice est profonde, et vous, vous savez que vous auriez réussi. Vous étiez le seul à le savoir avant de partager ce traumatisme avec vos potes du Five, qui l'ont bien compris, d'autant que la même histoire est aussi arrivée à deux d'entre eux. La vie est bien faite.

24

TOMBER SUR UNE REDIFFUSION D'UN VIEUX MATCH MYTHIQUE

On n'avait pas prévu de passer la fin de soirée devant la télé, on était juste à zapper une dernière fois avant d'aller au lit, histoire de bien vérifier qu'il n'y avait vraiment rien. Mais ça, c'était avant. Avant de tomber sur une rediffusion de la finale France-Espagne du championnat d'Europe 1984. On se dit d'abord qu'on va regarder deux minutes, pour rire, pour voir la différence avec maintenant. L'image carrée, les mini-shorts, un marquage qui ferait peur aujourd'hui, on aurait presque l'impression de regarder un autre sport.

Et pourtant on va rester scotché devant jusqu'au bout, parce que ça reste un match de foot et que même si on connaît le score, les émotions d'une première fois, ça ne se rate pas. En plus, l'histoire sera belle avec le raté d'Arconada, le deuxième but de Bellone, l'émotion de Michel Hidalgo, le sacre de Platini… Si en plus maintenant on doit se taper les vieux matchs, on ne s'en sortira pas. Il y a trop de foot à la télé pour vivre en couple. Il va falloir prendre un appart tout seul.

25

CONNAÎTRE OMAR DA FONSECA

Aimer le foot, c'est aimer aussi ceux qui le font vivre en dehors du terrain. J'ai eu la chance, enfant, de connaître Omar Da Fonseca en tant que joueur quand il est arrivé en France, parce qu'il avait choisi le FC Tours, ce qui, avec du recul, semble une phrase un peu bizarre. Omar Da Fonseca au FC Tours. Quand je dis « connaître », c'est un bien grand mot pour me la raconter un peu, mais je l'ai vu marquer sur le terrain de la vallée du Cher, je l'ai observé à quelques entraînements des pros quand j'avais la chance d'y aller avec un ballon sous le bras pour le faire signer. Ou, moment de gloire ultime, je l'ai épié quand il était venu manger au restaurant de mes parents.

Et puis Omar Da Fonseca a vieilli comme moi, les jambes se sont encore un peu plus arquées, mais le même sourire est toujours là, cette même envie, cette même joie de vivre, cette voix, cette passion argentine, exubérante mais seulement à nos yeux, qui lui fait aujourd'hui déclarer son amour en direct pour le ballon rond et pour Messi son prophète. En chansons, en envolées lyriques, en expressions inventées qui vivront bien au-delà du match sur YouTube, mais toujours avec passion. Nous rappelant au passage que le foot, c'est du bruit, de l'envie, du partage, du trop-plein. Il aurait dit dans son langage da-fonsecien : « Le jour où Messi arrêtera le football, même les ballons vont pleurer. » Le jour où Da Fonseca arrêtera de s'extasier devant un crochet ou une reprise de volée, notre salon sonnera bien vide.

26

RETOURNER DANS SA CHAMBRE D'ADO ET REVOIR DEUX POSTERS QUI TRAÎNENT ENCORE

Rien n'a bougé, vos parents n'ont jamais osé refaire la chambre comme ils l'avaient dit. Ils y ont bien entassé un peu de bazar – maman ne veut pas qu'on dise bordel : un vélo d'appartement qui n'a jamais vraiment servi, des cartons marqués « divers » au marqueur... Mais votre lit est toujours là, le bureau également, il y a même encore votre rapporteur avec un message au tipex dessus. Chaque fois que votre mère vous demande d'aller trouver une chose précise dans ce capharnaüm, l'odeur de la poussière vous ramène quelques années en arrière. Ce qui vous marque le plus, c'est que les posters, vos posters, sont encore là. Papin à l'horizontale en pleine reprise de volée, Zidane avec le maillot de la Juve faisant une roulette. Certes les couleurs sont un peu passées, mais les visages sont toujours là, le geste toujours assuré. Et ces souvenirs en papier glacé vous replongent immanquablement à cette période où, enfant, vous étiez convaincu qu'un jour vous seriez comme eux accroché au mur, où le foot était la seule voie envisageable. Pourquoi imaginer autre chose d'ailleurs ? Une phase où on n'osait pas encore vous ramener un peu froidement à la réalité, vous demander de bien mesurer vos élans et leurs conséquences en cas d'échec, où l'on vous laissait la possibilité d'imaginer sans entraves. Aujourd'hui, vous êtes effectivement comme eux, comme ces grands joueurs, mais uniquement parce que vous aussi vous avez les genoux qui grincent après une seule accélération. Et vous ne trouvez toujours pas ce foutu appareil à raclette dans tout ce bordel.

27

REFAIRE UN FOOT AVEC DES PULLS OU UN SURVÊT EN GUISE DE POTEAUX

Pour se rappeler que faire un bon foot ne demande finalement pas grand-chose. Simplement des ingrédients comme ceux-ci :

- Des potes. Faire des frappes contre un mur, c'est bien aussi, mais c'est lassant.
- Un terrain potable. Qui peut aller d'un vrai petit terrain de hand à trois places vides sur un parking.
- Un ballon. Pas trop gonflé. Étant précisé que celui qui le ramène sera forcément capitaine de l'équipe.
- Des fringues pour faire les poteaux si y a pas de buts. Que l'un de nous oubliera forcément en partant, d'ailleurs.

- Un gars avec un peu moins de caractère, qui acceptera d'aller dans les buts, juste quelques-uns, et qui y restera tout le match.
- Un brin de mauvaise foi pour dire « poteau sortant » alors que clairement y a but.
- Une heure de rentrée qu'on dépassera de 15 minutes, par principe.

Simple finalement.

28

POUVOIR S'HABILLER COMME SES IDOLES (SUR LE TERRAIN DU MOINS)

Admettons que vous soyez fan de rock. Il vous serait difficile de vous balader au quotidien dans la rue tout en cuir, torse nu sous le blouson. Imaginons que vous soyez fan d'opéra. Ça pourrait être compliqué de vous balader en toge ou avec une grande cape violette en fourrure pour aller à la boulangerie. L'avantage avec le foot, c'est que vous pouvez porter un maillot partout, même au boulot pendant les grandes compétitions, le même que votre idole. Vous pouvez même faire floquer son nom dans le dos, tout le monde trouvera normal que vous portiez fièrement le nom de quelqu'un d'autre. À quelques détails près : taille, cheveux, charisme, talent, palmarès... mais pour votre boulangère, ce matin, vous êtes Zidane en prenant votre baguette pas trop cuite.

29

SE SOUVENIR DU FANTA ORANGE QUE L'ON BUVAIT À LA FIN DU MATCH QUAND ON ÉTAIT GAMIN

Et soyons clairs, ce souvenir-là de fin de match dans le vestiaire a sans doute plus de goût que ne l'avait réellement cette bouteille en verre de Fanta qu'on se passait de main en main, en essuyant un peu le goulot avant de boire. Tellement piquante que le breuvage fluorescent vous remontait dans le nez à peine une fois dans la bouche. Et quand je dis Fanta, je devrais plutôt dire n'importe quelle sous-marque imitant le Fanta, avec l'impression que plus le nom d'imitation était long, plus ça piquait. On dira que ça avait surtout le goût du devoir accompli et du week-end qui ne faisait que commencer.

30

PROLONGER LE MATCH GRÂCE AUX DÉBRIEFS

Avant (avant quoi, d'ailleurs ?), quand l'arbitre sifflait la fin du match, TF1 envoyait la pub et c'était terminé. Mais ça, c'était avant. Parce que maintenant quand le match se termine, les débriefs télé ou radio commencent. C'est même pour ça qu'on parle de « soirée foot », et non plus seulement d'un match. Parce qu'un bon débrief peut durer plus longtemps que le match lui-même. Un bon débrief doit être mené par les personnes suivantes :

1. Un animateur qui parle fort.
2. Des journalistes qui parlent encore plus fort et ne sont globalement pas d'accord avec l'animateur, ni entre eux ni même avec ce qu'ils ont dit la semaine dernière.

3. Des anciens footballeurs qui mettront tout le monde d'accord en rappelant qu'eux, ils ont joué au haut niveau et que ça ne se passe pas du tout comme ça dans le vestiaire.
4. Un bon débrief doit asséner des vérités, pas des opinions. Et même si ces vérités vont être contredites par le match suivant, ça restera des vérités sur le moment. Et puis personne ne vérifie la constance de ces propos.
5. Un bon débrief doit poser des questions pour le futur proche, questions auxquelles chaque spectateur ou chaque auditeur a LA réponse. Enfin SA réponse, qu'il faudra d'ailleurs prendre en compte en direct au téléphone puisque finalement nous sommes tous des experts.

Aujourd'hui, après une victoire on veut prolonger la fête, et après une défaite on cherche à comprendre. C'est pourquoi à la question « tu viens te coucher ? » vous répondrez « j'arrive », mais vous serez encore scotché là une heure plus tard.

31

JOUER (OU REJOUER) LES MATCHS SUR FIFA

Au fond de vous, vous êtes un entraîneur, voire un sélectionneur. Vous en êtes certain. Mais vous n'avez jamais eu l'occasion, et vous n'aurez sans doute jamais l'occasion, de le prouver dans la vraie vie. Ça c'était avant, avant que les jeux vidéo ne puissent vous donner les pleins pouvoirs, et l'occasion de tester vos théories (fumeuses) sur le 3-1-2-3-1. FIFA sur Playstation ou sur X-Box, ou mieux, Football Manager sur PC, c'est l'opportunité de refaire les matchs que votre club vient de perdre, rejouer des grandes victoires, créer votre propre joueur pour avoir la carrière que vous avez toujours imaginée. Enfin.

32

REVOIR LE BUT DE LA TÊTE DE BOLI CONTRE LE PSG EN 1993

Une série de jongles au milieu du terrain entre Durand, Pelé, et Boli déjà. Un centre venu de loin pour personne, sauf pour Basile Boli qui se jette à corps perdu dans une tête hors de la surface, qui aurait dû finir loin dans les tribunes, mais qui vient se loger dans la lucarne de Bernard Lama. L'OM est sur la lancée de son succès à Munich, Boli a la meilleure tête du monde depuis deux semaines, ayant inscrit dans ce laps de temps le but qui compte le plus pour l'histoire de l'OM et peut-être le plus beau. Charles Bietry au commentaire enchaîne les « fabuleux », le Vélodrome à ciel ouvert est en fusion, hurlant son bonheur d'être champion par la même occasion. On voit sur la touche un membre du staff calmer tout le monde une clope au bec, ça fleure bon un foot lointain de presque 30 ans, mais l'émotion est presque toujours la même quand vous montrez ces images sur YouTube à votre fils/neveu/collègue de 21 ans en stage. « C'est pour ça que j'aime l'OM, tu vois. »

33

ÊTRE VENDREDI

D'abord parce que vous appréciez particulièrement cette tradition française qui fait que, oui, le vendredi est bien un jour travaillé, mais que ce n'est pas pour autant qu'on doit se jeter à corps perdu dans le boulot. Le vendredi, surtout l'après-midi – on dira à partir de 13 heures, voire 11 heures les « gros » vendredis –, sert surtout à prévoir ce qu'on fera lundi, après le week-end. Un peu comme en décembre quand vous dressez la liste des choses que vous ferez, mais après les fêtes, à la rentrée, plus tard quoi. Voilà vendredi, c'est un peu Noël toutes les semaines. Pour célébrer cette consécration hebdomadaire de la procrastination.

Et puis parce que vendredi annonce le week-end et que le week-end, question foot, c'est un peu votre anniversaire tous les jours. Match le vendredi soir, le samedi soir (vous avez fait l'impasse sur le match de 17 heures), match à 13 heures le dimanche, multiplex à 15 heures (vous refaites l'impasse sur le match de 17 heures), et grande messe du soir à 21 heures avec zapping sur « Zone interdite » à la mi-temps et leur reportage hebdo pour savoir ce que ça fait d'être riche. Vous sortirez de ce week-end très sportif fatigué, mais repu. En même temps, c'est pas tous les jours que c'est Noël ET votre anniversaire.

34

ENTENDRE LE JINGLE DU MULTIPLEX SUR CANAL

Qui fait à peu près « tadadadadatamtamtamtam » (si, faites-le dans votre tête, ça fait exactement ça). C'est vrai que Canal n'a plus les droits aujourd'hui et qu'Amazon n'a pas trouvé d'équivalent question jingle, mais celui-là avait de toute façon quelque chose de spécial. Festif, mais un brin flippant aussi. Parce qu'un multiplex ça veut souvent dire « fin de saison », et donc suspense un peu partout. Et aussi parce que quand le jingle retentit pour signifier un but, on ne sait pas encore sur quel stade. Donc votre petit cœur de supporter bat un peu plus fort avant que la voix ne dise « but à Strasbourg ». Et là encore ce n'est pas gagné parce que vous ne savez pas si le but en question est pour votre équipe ou pour Strasbourg. Là seulement, le petit « tadadadadatamtamtamtam » prendra tout son sens (c'était pas un but pour Strasbourg). Il vous a tellement marqué ce jingle que vous l'avez utilisé la semaine dernière dans l'open space quand quatre personnes ont démissionné le même jour, les unes après les autres. Un chouette moment aussi.

35

AVOIR VU JOUER MARADONA

Gagner, dribbler, jongler, courir, tomber, se relever, écraser, marquer, tricher, pleurer, être adulé, marquer encore, danser, chanter, ridiculiser ses adversaires, inspirer, fuir, se cacher, revenir, triompher, se doper, slalomer, souffrir, marquer toujours, mal fréquenter, devenir fou, se blesser, invoquer Dieu, venger, accélérer, rendre meilleur, se droguer, revenir encore, maigrir, grossir, maigrir, sourire, pleurer, dribbler toujours, inspirer encore. Maradona, c'était toutes les émotions dans un maillot bleu ciel et blanc.

36

GARDER SES MAILLOTS DE « QUAND ON ÉTAIT PETIT »

D'abord, les siens, quand on avait le droit de les garder à la fin de saison, depuis les premières compétitions. Celui avec le sponsor, qui cette année-là était la boulangerie du coin, pourtant pas très bonne. Celui qu'on s'est fait déchirer en finale perdue et qu'on s'est promis de ne jamais jeter. Celui qu'on a échangé une fois en fin de match pour faire comme les grands, si bien qu'on s'est fait salement engueuler. Et puis ceux de son club de cœur, enfin de ses clubs de cœur, on en a tous un en France et un à l'étranger (souvent le Real ou le Barça, autant choisir des clubs qui gagnent).

Petit musée personnel qui a grandi chaque année, comme la taille de ces maillots, en même temps que vous. Pour le plaisir, vous vérifieriez bien si vous rentrez encore dans quelques-uns d'entre eux, comme on le fait pour sa robe ou son costume de marié(e). Mais parfois c'est bien aussi de ne pas ternir ses souvenirs.

37

ACHETER UN MAGAZINE PLEIN DE POSTERS

D'ailleurs, il n'y avait souvent rien d'autre vraiment dans ce magazine, on trouvait bien deux ou trois articles pour donner l'impression qu'il y avait quelque chose à lire, mais personne n'est dupe : on l'achète pour les posters, et basta. En payant le buraliste, on imaginait déjà celui qu'on mettrait au-dessus de son lit, même si on ne l'avait pas encore vu en grandeur nature. On faisait attention à ne pas le déchirer avec les agrafes, on le posait sur le sol de la chambre, il était plus grand qu'on ne le pensait. Il serait parfait. Avant qu'il ne vous tombe dessus en pleine nuit parce que vous n'aviez pas mis assez de Patafix, déchirant un peu du même coup la tapisserie. Pas grave, c'est pas tous les jours qu'on est réveillé en sursaut par [joueur de votre choix], maman comprendra.

38

ÊTRE SUPPORTER, UN VRAI

Pas spectateur, vraiment supporter, pour qui le mot supporter ne suffit même plus. Être un ultra, du genre qui n'imagine pas aller au stade ailleurs qu'en virage, qui ne conçoit pas de s'asseoir pendant le match, qui est venu d'abord pour chanter, danser, siffler, organiser un tifo chaque semaine. Être ensemble, faire partie d'un groupe dont l'intensité pendant 90 minutes pourrait avoir un effet sur le résultat. Être le douzième homme, mais à 12, 300, ou 5 000, quel que soit le groupe. Être un South Winner, un Red Tiger, un Magic Fan. Aller au stade comme on va à la messe, dans un antre quasi sacré, à la différence près qu'ici rien n'est écrit d'avance. Et que le résultat dépendra peut-être de votre chant. Si vous n'avez jamais tenté cette expérience, faites-le une fois pour ressentir cette ferveur.

39

MONTER L'ESCALIER POUR ARRIVER DANS LE STADE

Vous l'avez vu 100 fois à la télé, mais cette fois vous y êtes. Vous avez prévu un peu large pour une première, le match n'est que dans une heure, mais vous vouliez être certain de bien profiter pleinement de l'expérience. Quitte à venir, autant tout voir. Les chants de supporters, eux aussi en avance, se rapprochent, Après avoir trouvé votre entrée B4 dans les coursives, vous montez excité comme un gamin les dernières marches qui vous séparent de la vision complète du volcan. Chaque pas vous offre une vision un peu plus complète du terrain, des tribunes, de l'arène. Dernière marche, vous y êtes. Le bruit, la lumière, les couleurs, l'ambiance, la foule. C'est différent de ce que vous pensiez connaître par cœur, ni en bien ni en mal, c'est autre chose, c'est plus fort. On devrait vraiment faire plus souvent les choses qu'on dit qu'on fera bientôt, mais qu'on ne fait jamais.

40

ALLER DANS LA BOUTIQUE DU CLUB JUSTE « POUR VOIR »

« On va juste voir, hein ? On ne prend rien. » Vous ne savez pas si votre enfant/neveu l'a vraiment cru. Avant le match, vous vous êtes dit que ça serait une bonne idée de faire un petit détour par la boutique du club. Pour le faire saliver. Vous tentez d'observer ce qui lui plaît le plus, discrètement. Si vous n'êtes pas certain parce qu'il n'a pas tendance à être démonstratif, vous osez un « y a des trucs chouettes, hein », en espérant qu'il vous montre un maillot, un T-shirt… Finalement vous voyez un sweat qui accroche plusieurs fois son attention. Vous le prenez discrètement du rayon, et vous lui dites « bon, tu me rejoins dehors ? » avant de passer à la caisse. Cinq minutes plus tard, il vous rejoint devant la boutique et, alors que vous allez rentrer dans le stade, vous lui tendez le sac : « Tiens, c'est pour toi. » C'est uniquement pour ce sourire-là que vous êtes venu.

41

L'EXCITATION DU PREMIER MATCH DE LA SAISON

C'est souvent au mois d'août, sur des terrains bien secs, sous une chaleur plombante. Vous, vous êtes encore en vacances, tout bronzé de la semaine, et vous devez partager votre temps entre réussir à connecter la tablette au wifi pour voir le match, et réussir à allumer ce putain de barbecue sans Zip. C'est le premier match de la saison, celui où tout est encore possible, celui où on remet les compteurs à zéro. On aimerait que ça se passe bien pour bien lancer la machine, mais on se dit que de toute façon si ça se passait mal, ça ne serait pas très grave, il reste 37 matchs derrière. Au pire, on ne serait qu'à 3 points du PSG ce soir.

Le premier match de la saison, c'est presque un match bonus, mais c'est aussi un entre-deux. On est à la fois content que ça reprenne, et un peu déçu parce que le retour du championnat sonne aussi comme la fin de la récré avec la rentrée, la boîte mail qui explose et les cartables qui approchent. Pas grave pour ce soir, d'autant que le barbecue vient de finalement prendre, il fallait juste ajouter un peu de cagette pour le faire démarrer.

42

CONNAÎTRE UN JOUEUR « CONNU »

Vous l'avez rencontré par l'ami d'un ami. Il a longtemps joué en Ligue 1 et a même deux présélections en équipe de France. Autant dire que le foot, lui, il connaît, et de l'intérieur en plus. Autant dire aussi que les petites anecdotes de sa carrière qu'il vous a lâchées au cours d'une ou deux soirées (vous l'avez croisé plusieurs fois, il a même votre numéro de téléphone maintenant) deviendront des histoires à rallonge que vous retranscrirez avec moult détails lors de moments de creux dans les soirées foot qui suivront. En les lâchant comme si de rien n'était, comme si c'était normal de connaître un grand joueur de foot, presque surpris que ce ne soit pas le cas de vos potes. Et en leur précisant bien de ne pas répéter ce que vous venez de leur dire : ça l'embêterait que ça se sache. Ils vous répondront « évidemment », exactement comme vous aviez répondu à ce joueur connu à la fin de son histoire.

43

AVOIR REPÉRÉ DANS UN PETIT CLUB UN JOUEUR QUI DEVIENDRA GRAND

Depuis le premier jour vous l'aviez dit, après un match de National où vous étiez présent au stade (par contre, impossible de vous rappeler ce que vous foutiez là) : « Celui-là c'est un bon. » Si vous étiez agent, vous lui auriez sauté dessus, vous avez toujours cru en lui. À chaque mercato, vous alliez glisser son nom dans les forums de supporters. Alors quand il a gravi les échelons, National, Ligue 2, Ligue 1, puis top club en Ligue 1 qui joue le titre, vous avez rappelé à tout le monde que lui c'était votre poulain, et que vous auriez pu faire gagner pas mal de blé à certains clubs s'ils vous avaient écouté. « Ouais mais t'es pas agent de joueurs, tu travailles à La Poste, frérot. » Peut-être, mais le foot, pardon de le dire comme ça, c'est votre truc.

44

ALLER VOIR JOUER SON FILS / SA FILLE AU BORD DU TERRAIN

Vous l'avez accompagné le premier jour à l'entraînement, comme quand vous l'avez amené jusqu'à la porte de l'école, quand il était encore « petit ». Un peu anxieux, comme lui. Et puis au deuxième entraînement, et au match du samedi, et puis aux tournois, et aux matchs amicaux, à tous en fait. Les coéquipiers de votre enfant ont eu des prénoms dont vous vous souveniez au fur et à mesure des semaines, les inconnus au bord du terrain ont commencé à devenir les papas et les mamans d'untel ou untel, avant d'obtenir eux aussi leur propre prénom. Être papa ou maman au bord du terrain, c'est se réjouir d'une belle action de votre enfant, le conseiller du regard, craindre quand il tombe, se rappeler que vous avez vous aussi été à sa place mais que vous n'aviez parfois personne à regarder. Être papa ou maman au bord du terrain, c'est croiser d'autres papas ou mamans qui prennent ça trop à cœur, celui qui conteste les décisions de l'arbitre même en U11, celui qui aurait pu, ou du moins voulu, être pro et mise tout sur son fils, trop, celui qui prend toujours des photos, celui qui n'est là qu'une semaine sur deux, celle qui prévoit du café pour tous les parents, des sandwichs pour tous les enfants. Être papa ou maman au bord du terrain, c'est faire partie d'une deuxième équipe, sans maillot, mais avec passion.

45

VOIR SON FILS EN UNE DE *L'ÉQUIPE*

L'accomplissement d'une carrière de sportif, ce que de près ou de loin vous n'avez jamais réussi à faire. Et ce matin quand un ami vous a envoyé ce message énigmatique : « Va acheter *L'Équipe...* », vous n'avez pas compris pourquoi parce que vous aviez de toute façon prévu d'y aller, comme tous les jours. Et en regardant la une dans le kiosque, vous avez compris. Il était là, votre fils, en plein milieu de la une, sur le terrain, avec un titre écrit en lettres majuscules : « POUR L'HISTOIRE ». Être parent, c'est comprendre qu'un jour votre enfant se mettra à faire des choses que vous n'avez jamais su faire. Qu'il dépassera vos capacités. Qu'il ira plus loin. Bon là, en l'occurrence, ce qu'il avait fait, c'était tenir la main d'un joueur pour rentrer sur le terrain, à 10 ans, avec un maillot bien trop grand pour lui. Mais qu'importe, un Moreau en une de *L'Équipe*, ce n'était jamais arrivé. On n'a plus qu'à espérer que ça arrive à nouveau, avec cette fois un maillot à sa taille.

46

FAIRE UN PETIT PONT

Vous n'espériez pas grand-chose de ce match et le résultat l'a confirmé : vous avez pris une bonne branlée. Mais en fin de première mi-temps, alors que votre équipe s'acharnait à ne pas perdre la balle trop vite, vous vous êtes permis un petit plaisir. L'adversaire se dirigeait vers vous, vous avez fait une feinte de dribble sur la gauche et vous avez tenté un petit pont. Qui, miracle, a réussi. Le ballon est tranquillement passé sous ses jambes, et l'adversaire sans doute surpris par cette tentative, vu le niveau lamentable de votre équipe, n'a pas réagi. Le maigre public sur la touche, lui, si, soulignant par de petits cris admiratifs ce geste technique qu'il n'attendait pas. Vous non plus d'ailleurs, vous ne savez pas trop ce qui vous a pris, mais ça a marché. Jamais vous n'auriez tenté un grand pont, un coup du sombrero, vous vous estimez bien trop peu pour ça, mais un petit pont, pourquoi pas, il y a « petit » dans le nom. L'adversaire en question, humilié sur le coup, ne vous a plus lâché du match et vous n'avez quasiment plus touché un ballon. Il n'y aura jamais de compils de vos exploits sur YouTube, mais ce geste-là, le même que pouvaient réaliser un Zidane ou un Messi, personne ne vous l'enlèvera.

47

DÉBRIEFER AU TÉLÉPHONE À LA MI-TEMPS AVEC SES POTES

Regarder un match tout seul à la maison, c'est frustrant. On voudrait échanger sur un joueur, expliquer la tactique que, soi-même, on aurait mise en place, réagir à voix haute devant un pénalty raté, mais on est resté assez lucide pour savoir que crier seul sur sa télé a quelque chose de foncièrement pathétique. Alors quand l'arbitre siffle la mi-temps, on recherche le contact. Certains le font par WhatsApp dans le groupe « Allez *lenomdetonclub* » pour échanger des messages rapides, portés par le stress et donc souvent négatifs, comme « je le sens pas, on n'est pas en place », « on va le paumer celui-là », « j'ai failli éteindre ma télé, ce 4-4-2 j'en peux plus ». Ça comble le manque, et ça laisse le temps de faire autre chose à la mi-temps. D'autres téléphonent pour un débrief plus poussé où on dira des choses comme « je le sens pas, on n'est pas en place », ou « on va le paumer celui-là », tout en prenant le temps et en insistant très fort sur certains mots pour renforcer le message qu'on n'est pas content. On pourra même, si on a un jardin, aller faire quelques frappes de balle contre la porte du garage pour faire redescendre la pression, le téléphone dans la main gauche contre l'oreille, le ballon sur le pied droit pour viser la lucarne (enfin, le haut de la porte du garage en utilisant l'armature en fer comme repère). Avant de raccrocher quand le match reprend, on s'encourage en se disant qu'on se rappelle en fin de match. On sait implicitement tous les deux qu'on ne s'appellera que si on gagne. On réalise en raccrochant qu'on ne s'est même pas demandé comment l'autre allait. On sait implicitement tous les deux que si on n'a parlé que de foot, c'est que ça va. Surtout qu'au même moment, votre équipe en plante un deuxième.

48

VOIR LE CLUB « ENNEMI » PERDRE EN DEMI-FINALE. OU EN QUART. ENFIN PERDRE DÉJÀ.

Quand on aime un club, il y en a toujours un qu'on déteste en miroir. On ne sait même plus trop pourquoi, si c'est historique, si ce sont les joueurs, le président, la localisation, le nom de la ville, mais on ne l'aime pas. À tel point que le voir échouer en demi-finale, le voir perdre dans les arrêts de jeu a toujours un petit goût particulier. Pas le même goût sucré que la victoire de votre propre club fétiche, mais un petit goût spécial quand même. Même si ce club ennemi est un club français qui joue en Coupe d'Europe et défend « nos » couleurs ? Pour certains la ligne s'arrête là, quand d'autres la franchissent aisément.

— Fait chier, on a perdu ce week-end.

— Ouais, mais eux aussi.

— OK, mais on a perdu 3 points quand même.

— Ouais mais eux aussi.

Irréfutable. On a des plaisirs simples quand on aime le foot, hein.

49

FAIRE UN MATCH DANS LA COUR DE L'ÉCOLE COMME EN LIGUE DE CHAMPIONS

Quand on joue un match très important, on n'est plus vraiment soi-même, tous les grands sportifs le disent. Alors pour être sûr que ça soit le cas, à la récré en CM1 ou en CM2, on choisissait d'être quelqu'un d'autre. Avant le début du match*, une fois les équipes faites, on égrenait donc les joueurs stars pour savoir lequel on serait aujourd'hui. Avec le droit de mélanger les époques et d'avoir un Pelé et un Barthez en même temps sur le terrain. Le droit de doubler voire de

* Uniquement à la récré de la cantine, qui était plus longue. Pas la récré du matin où on avait à peine discuté des joueurs et des règles pour savoir si oui ou non y avait goal volant qu'il fallait déjà retourner en classe.

tripler les joueurs, mais uniquement les plus forts, pour se retrouver avec plusieurs Zidane. Et le droit de changer de joueur à la mi-temps si ce jour-là on n'arrivait à rien. La vraie Ligue des champions, elle avait lieu tous les midis, même les jours de pluie où on jouait sous le préau en dribblant ceux qui préféraient jouer aux cartes.

50

ALLER VOIR UN MATCH DANS UN STADE ÉTRANGER

Pour celui ou celle qui aime le foot, se balader aux abords du stade de la ville dans laquelle on passe une partie de ses vacances, c'est un peu comme aller visiter la cathédrale du coin. Et prendre des places pour aller voir un match, c'est faire la même visite mais à l'heure de la messe. On est curieux, on observe, on sent que ce n'est pas vraiment notre place, on n'est pas d'ici, mais on se nourrit avec délice des coutumes locales. Égrener les pubs anglais près du stade, pinte après pinte, et avoir envie de pisser au bout de 15 minutes de match. Arriver deux heures avant le match pour profiter de la magie du mythique Camp Nou. Commander une *Bratwurst* avec un tonneau de bière à Dortmund avant d'aller voir le mur jaune. Mais ça marche aussi dans des clubs moins prestigieux à Montréal, à Bucarest, à Casablanca, c'est juste un besoin d'ailleurs. Pour se rappeler que loin, on fait différemment. Pas mieux, pas moins bien, différemment. Mais que dans toutes les langues, tout le monde finit à un moment par se demander si ce but-là était vraiment hors-jeu.

VOS PETITS PLAISIRS À VOUS

On vous souhaite à vous aussi de connaître tout le bonheur du monde en jouant, regardant, échangeant, vociférant, éclatant de joie grâce au football. Dans la vie il y a les choses graves et les choses importantes. Quand on aime le foot comme on l'aime, on peut avoir un peu trop tendance à le considérer comme une chose grave. On espère que ce livre vous rappellera que ce n'est pas le cas.
Et comme j'ai sûrement oublié des trucs, n'hésitez pas à noter vos plaisirs de footeux. On en parlera un soir autour d'une bière.

LE DÉBRIEF D'APRÈS LECTURE

Bon, maintenant que le match est fini, on peut passer au bilan à chaud, vous en avez l'habitude si vous aimez le foot. On aurait pu avoir un plateau télé tout neuf pour l'occasion, trois-quatre chroniqueurs pour débattre et s'engueuler sur ce qu'ils venaient de lire, mais vu que j'aime pas quand ça parle fort, je le fais tout seul.
On peut donc dire qu'on a assisté à un match très équilibré entre les plaisirs et les emmerdes (je vous invite à retourner le livre pour découvrir cette seconde face tout aussi captivante) et que les deux parties se sont neutralisées. Les équipes étaient bien en place, chacune a eu son moment, et au final c'est le football qui en sort gagnant. Les spectateurs-lecteurs en ont eu pour leur argent, et l'auteur a pris du plaisir si on croit ses premiers retours en conférence de presse post-publication. Mais il faudra continuer à travailler et prendre les matchs les uns après les autres, parce qu'on le sait, tout va très vite dans le football (on ne sait honnêtement plus trop ce que veut dire cette phrase, mais c'est un incontournable de l'interview d'après-match).

Un pronostic pour la suite de notre passion footballistique ? Je dirais qu'au fond les plaisirs finiront toujours par prendre l'avantage, les emmerdes ne tiendront pas la distance sur les matchs à enjeux. C'est pour ça qu'on sera comme vous dès le week-end prochain dans un stade avec un drapeau ou en short à attendre notre heure de gloire, sur notre canapé à scruter le prochain match, sur notre téléphone à vérifier des scores, ou autour d'un verre à refaire le match entre amis. Et si les résultats venaient à ne pas être ceux que vous attendiez, n'oubliez pas que nous sommes plein dans ce cas-là et que « vous ne marcherez jamais seul ».

REMERCIEMENTS

À Nino et Jules pour le partage au quotidien, et le flambeau qu'ils reprennent.
À Elsa pour me laisser regarder tous les matchs.
À Ben, Elé et Emma pour la confiance topitesque.
À Massic et Rash pour le groupe WhatsApp du club à l'étoile.
À tous ceux de Scorecast qui savent que je méritais moralement de gagner tous les ans.
Aux parents du bord de terrain du lundi, mercredi, jeudi, samedi et parfois le dimanche.
À Basile pour la tête.
À Zinedine pour tout le reste.

(petites) 50 EMMERDES QUAND ON AIME LE FOOT

(petits) 50 PLAISIRS QUAND ON AIME LE FOOT

Du même auteur, aux éditions Leduc Humour :
Guide de survie du jeune papa, 2022.
Il ne faut pas tirer des plans sur la moquette, 2016.

Correction : Anne-Lise Martin
Mise en page : Antartik
Design de couverture : Antartik

10, place des Cinq-Martyrs-du-Lycée-Buffon
75015 Paris – France

ISBN : 978-2-36704-302-9

Par les créateurs de TOPITO

Laurent Moreau

50 (petits) PLAISIRS QUAND ON AIME LE FOOT

LEDUC HUMOUR

fait même aucun doute). À en voir, à en faire un peu aussi, à en parler, à en revoir, à en supporter… Et forcément, quand on aime passionnément une chose, il y a quelques revers de médaille, la preuve avec les 50 petites emmerdes que vous trouverez ici, sans qu'elles soient classées par ordre d'importance. Dites-vous que ces emmerdes-là, ces petites fêlures, ces petites contrariétés ou ces grosses déceptions, on les partage probablement. Ça ne les allège pas forcément, et pour certaines ça vous fait même sûrement une belle jambe que de l'apprendre, mais au fond vous saurez que vous n'êtes pas seul(e). Et c'est déjà pas mal.
Voilà globalement ce que je disais de l'autre côté, c'était mieux dit, mais c'est l'idée. Je viens même de vous faire gagner du temps. Bonne lecture.

(petites) 50 EMMERDES QUAND ON AIME LE FOOT

1

PASSER POUR UN BEAUF

Parce que longtemps, en France du moins, aimer le foot, c'était forcément le contraire de la culture cultivée, c'était se contenter de regarder des joueurs en short au QI forcément limité au lieu d'aller au musée, c'était forcément aimer la bière tiède et les coupes mulets, valider toutes les insultes et tous les débordements de supporters forcément écervelés en tribune, vivre le cul moulé dans son canapé au lieu de s'ouvrir aux merveilles du monde qui nous tendent la main si on prend seulement la peine de couper la télé... Aimer un sport populaire, le plus populaire même dans le monde entier, c'était être trop mainstream, se mettre dans tous ses états pour une baballe dans un filet, c'était « ridicule parce qu'il y a quand même plus grave, nan ? » Et puis 1998 est passé par là, et un et deux et trois zéro cariocas sur un air de Gloria Gaynor, qui d'un point de vue purement musical, c'est vrai, n'arrangeait pas notre cas.

Mais on pouvait commencer à voir des intellectuels, des écrivains, des acteurs et des actrices, des chanteurs (dont Francis Lalanne, c'est vrai aussi) et des chanteuses, et notre voisin et notre cousine faire au grand jour leur coming out footballistique. Bien sûr que beaucoup d'entre eux ne firent qu'aller dans le sens du vent et oublièrent cet amour de vacances dès la rentrée de septembre, mais un pas était fait et on ne reviendrait plus en arrière : oui, on pouvait maintenant aimer le foot ET être respectable, regarder la Ligue des champions ET lire des livres (en entier), même porter un maillot les soirs de grands matchs ET ne pas passer pour un sombre plouc. C'était et c'est maintenant possible. Après, si vous prenez un peu trop la confiance et que vous arrivez au mariage de votre belle-sœur avec un maillot de Caen et la nuque longue, on ne peut plus rien pour vous : mettez-y un peu du vôtre.

2

ÊTRE SUPPORTER DE TROYES OU DE CAEN

Sur le principe on n'a rien ni contre ces villes ni contre les clubs de ces villes. Même si c'est vrai qu'en fermant les yeux deux secondes, on imagine très bien qu'on puisse s'y emmerder royalement. Mais ce n'est pas ça qui rend le fait de venir de ces deux villes intolérable. Nan, le vrai problème pour ces clubs historiques-là, c'est qu'il faudrait créer pour eux une « Ligue 1,5 ». Trop forts pour la Ligue 2, dans les deux premiers de laquelle ils finissent souvent, trop faibles pour la Ligue 1, de laquelle ils dégagent régulièrement en finissant l'année suivante dans les deux derniers. Alors il y a parfois des miracles et des héros d'un jour qui, à l'énergie, sauvent le club de la relégation l'année de la montée. Mais ça ne dure jamais bien longtemps et l'année suivante le club retrouve ses standards en prenant branlée sur branlée, avec un président qui tape du poing sur la table, l'entraîneur adulé de la montée qui quitte le club, le stade qui se vide un peu et Orelsan qui en fait un son. Du classique, mais qui est en fait l'ordinaire de ces clubs.

Supporters de Nancy, Caen, Nîmes, Troyes, et bien d'autres encore, une grosse pensée pour vous qui devez subir ces yo-yo émotionnels. Et dites-vous que ça pourrait toujours être pire si vous étiez comme moi supporter de Tours.

3

ÊTRE FRANÇAIS LES SOIRS DE COUPE D'EUROPE

Supporter un club de l'Hexagone les soirs de Coupe, c'est compliqué. C'est d'abord s'attendre à la défaite, comme une ritournelle annuelle. C'est l'attendre même avec une forme de logique vu qu'on ne gagne jamais ou presque ces Coupes d'Europe. Avec la douloureuse sensation de parfois n'être pas loin, voire même très, très proche, presque trop pour que ce soit vrai. C'est ne pas comprendre pourquoi les clubs se battent plus pour s'y qualifier que parfois pour la jouer. C'est entendre qu'« on a appris ce soir », qu'« on a grandi », que « c'est dans ce genre de défaites qu'on voit les hommes et que c'est ça le plus important ». C'est se demander comment les clubs étrangers qui ont pourtant moins de budget arrivent parfois à passer entre les gouttes et à aller loin. Eux mais jamais nous. C'est entendre que nos clubs travaillent moins à l'entraînement. Que la Ligue 1 n'est pas au niveau. Que le PSG n'y arrivera jamais. Que l'OL est hyper-régulier tant que ça ne compte pas vraiment. Que l'OM court beaucoup mais surtout après son passé. C'est hésiter à faire une soirée entre potes pour un match important, histoire de bien vivre sa déception tout seul après le match. Être français un soir de Coupe d'Europe, c'est globalement en avoir plein le cul de perdre d'année en année dès que les matchs comptent. Et se dire en éteignant la télé qu'on ferait mieux d'être supporter de badminton, on se ferait moins chier.

4

RÉALISER QUE LA VICTOIRE À LA COUPE DU MONDE 98, C'ÉTAIT IL Y A PLUS DE 20 ANS

La magie des grandes victoires, des grandes premières, des soirs où tout sourit et finit en pluie de confettis sur une coupe levée vers le ciel, magie hors du temps qui dépasse largement les lignes poudrées du terrain vert. Ce jour-là, jusque-là banal, comme un autre jour lambda, sans plus de saveur que le précédent ou le suivant, devenu ensuite un repère dans le calendrier avec les petits chatons accrochés dans la cuisine de tes parents. Le 12 juillet fait partie de ceux-là. Le 12 juillet 1998, on se souvient où on était, avec qui on était et ce qu'on a fait après avoir entendu Thierry Rolland dire qu'après ça on pouvait mourir tranquille. On n'est pas mort ce soir-là, on était juste un peu ivre mort. Mais chaque

12 juillet qui repasse dans le nouveau calendrier des chatons, on regarde un peu en arrière pour se souvenir. Et les 12 juillet s'enchaînant, les souvenirs se font plus flous, on se rappelle par bribes et on constate... Que l'image de la télé était vraiment très carrée et manquait de netteté, que les héros du jour ont perdu de leur superbe et gagné en kilos ce qu'ils ont perdu en cheveux. Que les photos de ce jour ne sont pas aussi nombreuses qu'elles le seraient aujourd'hui, que certains sur ces photos manquent déjà depuis quelques 12 juillet. Que le temps passe finalement, bêtement, et que ce jour qu'on croyait historique pour nous est simplement devenu histoire. Il y a plus de 20 ans, 24 ans pour être précis. L'âge d'une vie pour certains. On ne dira pas que c'était hier parce qu'on sait bien que ce n'est pas vrai. Mais on réalise un peu durement qu'on est nous aussi malgré la victoire sur les *Auriverde* frappés de *saudade*, en plein cœur de furtifs instants de bonheur. Et que malgré tout ça, ces chiffres qui grandissent et ce jour qui s'éloigne, le plus important est qu'on soit toujours là pour y repenser en chantonnant « *I will survive* ».

5

SUPPORTER LES ANNÉES IMPAIRES SANS GRANDES COMPÉTITIONS INTERNATIONALES

Il y a des années magiques. Celles qui finissent par 0-2-4-6-8. Celles qui font que mi-mai - début juin quand les championnats nationaux se terminent, on enchaîne rapidement sur les grandes compétitions nationales, Coupe du monde et Euro, qui vont nous tenir en haleine une bonne partie de l'été (si votre équipe se qualifie et passe le premier tour ; si vous êtes albanais par exemple, ça sera plus rare – et plus court). Pas de repos du guerrier après 38 journées menées tambour battant, il y a déjà une sélection à imaginer et à commenter, des futurs adversaires à observer, des concours de pronostics à organiser, le choix du lieu du premier match, les soirées et les fêtes qui suivront si tout se passe bien jusqu'au bout.

Si tout va bien donc, tout ça vous emmène tranquillement jusqu'à la mi-juillet, et le championnat reprendra seulement 15 jours plus tard. Transition parfaite. Idéal de l'amoureux du foot. Mais revers de la médaille, on pense tout de suite à l'autre côté de la pièce : que faire les années 1-3-5-7-9 quand il n'y a rien de tout ça ? Rien, sinon attendre. Traîner son spleen qu'on étanche avec des redifs, taper très fort dans un ballon qui traîne dans le jardin, regarder *L'Équipe* d'un œil distrait et sans réelle envie, par habitude. Même en occultant la météo, celui ou celle qui aime le foot sait que, quelle que soit la destination de ses vacances, il y a des étés plus chauds que d'autres*.

* La FIFA ayant décidé de foutre la merde dans notre bipolarité estivale en mettant une Coupe du monde l'hiver, nous ne savons pas encore comment nous allons réagir dans les années à venir. Et c'est une nouvelle source d'angoisse.

6

FLOQUER SON MAILLOT AVEC LE NOM D'UN JOUEUR QUI S'EN VA AU MERCATO

65 euros. C'est ce que vous aura coûté ce maillot maintenant immettable. Pas qu'il soit moche ce maillot, ça fait cinq ans que vous n'en aviez pas acheté et il est même super beau. Le problème, c'est qu'une promo incluait le flocage pour le même prix. Et que vous en avez profité de cette promo, en mettant le nom du buteur qui fait les beaux jours de votre club. Enfin FAISAIT les beaux jours de votre club. Parce qu'il avait une telle incidence sur la météo de votre équipe favorite que votre président a profité de sa valeur marchande pour

équilibrer les comptes du club en revendant votre flocage à un club anglais de seconde zone. Saleté de mercato qui aura eu raison de votre garde-robe aux couleurs du club, aujourd'hui bonne pour ne plus jamais sortir de votre armoire. En fin de saison au moment des comptes, il faudra bien penser à retirer aux 25 millions de la vente de votre joueur favori les 65 euros du prix de votre maillot.

7

ÊTRE NÉ DANS UNE VILLE SANS ÉQUIPE DE FOOT DE LIGUE 1

Venir d'une ville avec un club de foot un peu pourri, ça peut être frustrant, demandez au Caennais Orelsan. Mais venir d'une ville où le club de foot à haut niveau n'existe pas ou plus, c'est pire. Pire, parce que vous devrez choisir de supporter un club d'une autre ville : vous deviendrez par conséquent et pour toujours une sorte de réfugié footballistique, un apatride. Toute votre vie on vous demandera : « Tu viens de Marseille, toi ? Nan, ben alors pourquoi tu supportes l'OM ? » Vous serez pour toujours un parvenu, celui qui au fond n'a rien à faire là, qui n'a pas les bonnes racines, qui ne sera jamais vraiment des leurs. Et cette malédiction se transmettra à la génération de vos enfants à qui vous aurez aussi transmis le virus, et qu'on regardera aussi toujours de travers.
Sans compter qu'il y a quand même un petit club de foot dans votre ville d'origine. Certes, il joue en National 3. Mais

ça ne vous empêchera pas de suivre ses résultats d'un coin de l'œil, au cas où, par miracle, il finirait par atteindre un niveau potable et monterait au moins en Ligue 2, vous donnant du même coup le droit d'acheter un maillot du club et d'en devenir officiellement supporter. Pour ça, il faudra commencer par aller chercher les résultats ailleurs que dans *L'Équipe*, sur un triste site Internet pas souvent à jour. Un sacerdoce, on vous dit.

8

RÉALISER QUE TES NOUVELLES IDOLES SONT BEAUCOUP PLUS JEUNES QUE TOI

Le truc bien quand on est enfants, c'est que nos idoles – ceux qui nous font rêver et qu'on accroche en posters –, on les regarde avec de grands yeux, comme des modèles, en espérant secrètement qu'un jour on pourra être comme eux nous aussi. Le temps passe, on décroche les posters pour les remplacer par une affiche de film, mais on continue de regarder avec des yeux envieux des mecs en short qui nous ressemblent un peu plus. Et puis un jour sans qu'on s'en soit vraiment rendu compte, on réalise que le gars qui vient de rentrer dans son maillot cintré frappé du coq et dont c'est le tout premier match en équipe de France, il a simplement 15 ans de moins que nous. On essaie de se rappeler ce qu'on faisait nous à son âge, mais c'est un peu loin pour être sûr. Alors qu'on cherche dans nos souvenirs, notre regard tombe sur notre ventre un peu arrondi, on se dit que vraiment le temps passe. Et que les maillots de maintenant seraient de toute façon beaucoup trop moulants pour nous.

9

SE SENTIR OBLIGÉ DE REGARDER LES MATCHS AMICAUX DE JUILLET

Le problème d'une addiction, c'est que ça peut nous emmener vers des zones dangereuses où on ne devrait jamais aller. Et ces zones-là peuvent parfois ressembler aux terrains brûlés et trop peu arrosés d'un stade de foot champêtre en plein mois de juillet, pendant la préparation de ton club préféré pour les premiers matchs amicaux de la saison. Matchs amicaux qu'on regarde à la télé ou sur son téléphone, puisque maintenant tout est diffusé. Des matchs qu'on ira même parfois jusqu'à voir sur place dans un petit bled du coin, qui reçoit en grande pompe des équipes pros plus trop habituées à jouer dans des stades avec des mains courantes autour, comme avant.

On est un peu excité par la découverte de nouveaux joueurs fraîchement arrivés dans un maillot qu'on n'a pas encore acheté. Mais on déchante très vite devant un match qui sera en réalité une longue litanie footballistique, avec des jeunes joueurs du centre de formation qu'on ne reverra pas de l'année, des joueurs sur le départ, d'autres encore hors de forme, deux équipes complètement distinctes à chaque mi-temps...

Et pourtant, malgré tout ça, on regardera encore le match de la semaine prochaine, au cas où. C'est le principe d'une addiction, c'est dur de décrocher.

10

AVOIR RÉSERVÉ UN RESTO EN SEMAINE UN SOIR DE CHAMPION'S LEAGUE

C'est vrai que ça partait d'une bonne intention et que vous aviez quand même un truc à vous faire pardonner. Un resto surprise un mardi soir peut aider à corriger quelques paroles maladroites des jours précédents. Mais emballé par cette idée géniale, vous n'avez pas réfléchi à ce qu'il y avait aussi ce mardi soir, à savoir un huitième de finale de Ligue des champions. Et il n'est pas question d'annuler quoi que ce soit, ces paroles étaient VRAIMENT maladroites. Donc vous y allez, vous lui devez bien ça, mais vous allez feinter. En tâtant le terrain à votre arrivée avec le serveur : « Vous ne me dites rien sur le match, hein ? » Soit il sourit parce qu'il s'en fout, soit il comprend votre appel du pied : « Ne me dites rien directement, mais tenez-moi au courant discrètement. » En vous absentant aussi aux toilettes plusieurs fois pendant le repas – vous avez estimé ça à toutes les 20 minutes en tenant bien compte de la mi-temps – pour checker le résultat sur votre téléphone. Et en récoltant du même coup un « Ça va ? T'es sûr ? » à chacun de vos retours.

Au final, on est resté sur un 0-0 pas terrible selon les premiers commentaires Twitter checkés au moment de l'addition, vous n'avez rien raté. Et vous avez su rester discret. Enfin, vous avez cru que vous étiez resté discret. La personne qui vous accompagnait n'était pas dupe, mais elle aura eu l'élégance de ne pas vous le faire savoir. Peut-être qu'elle aussi avait quelque chose à se faire pardonner.

11

PORTER LE MÊME NOM QU'UN ARBITRE

— Comment il s'appelle le nouveau à la RH ?
— David. David Turpin. Il a l'air sympa.
— Tu déconnes ?
— Ben non, c'est son nom.
— Turpin ? Turpin comme Clément Turpin, l'arbitre qui nous a volé un péno la semaine dernière ?
— Oh putain, j'avais pas fait gaffe... T'as raison.
— Je sais pas si je vais pouvoir bosser avec un mec comme ça : 3 points qui s'envolent comme ça, je pardonne pas.
— Espérons qu'il ait pas la VAR à la RH, sinon il est pas près de valider mes vacances.
— Haha, t'es con, Bernard.

Extrait d'*Autopsie d'un racisme arbitral ordinaire*, chapitre « Un jour banal en entreprise », p. 35-36.

12

COMPRENDRE QUE SON FILS OU SA FILLE PRÉFÈRE LE BADMINTON

Vous aviez tout prévu, la descendance devait prendre la suite, mais surtout faire beaucoup mieux que vous, vu que vous n'avez jamais dépassé le niveau première division départementale. Tout était calé depuis le premier jour, les biberons devant les matchs de foot, le premier ballon acheté à 1 an, l'inscription à l'école de foot à 5 ans, un maillot à chaque anniversaire… Oui mais il y a un hic. La descendance, elle, le foot elle s'en cogne. Son truc à elle, c'est le badminton. Ce que vous appelez : « Ce truc de plage avec les volants là ? » Vous l'avez rapidement senti mais vous n'osiez pas regarder la vérité en face. La lignée des amoureux de foot dans la famille s'arrêtera avec vous. Vivement que vous soyez grand-père pour retenter le coup avec la génération suivante.

13

SE FAIRE PEUR QUAND ON CONNAÎT TOUS LES CLUBS DANS LESQUELS A JOUÉ STÉPHANE DALMAT MAIS QU'ON NE SE SOUVIENT PLUS QUI A ÉCRIT *GUERRE ET PAIX*

Et pourtant des clubs en pro, il en a fait Stéphane, 11 même, de Châteauroux à Rennes en passant par l'Inter. Mais c'est plus fort que vous, c'est une réponse qui viendra toujours plus naturellement que le nom de l'auteur russe dépressif.

Parfois ça vous attriste un peu, mais vous vous consolez en vous disant que la culture footballistique, c'est toujours mieux que pas de culture du tout. Et puis Tolstoï, on n'a jamais su s'il était gaucher ou droitier. Alors que le putain de pied gauche de Dalmat, tout le monde s'en souvient.

14

REGARDER UN MATCH AVEC SON BEAU-FRÈRE QUI NE CAPTE RIEN À CE SPORT

Il essaye, hein. Mais quand vous lui avez posé la question « T'es pour qui dans ce classico ? » et qu'il a répondu : « Pour le foot. Moi j'aime bien le PSG et l'OM », vous avez senti que 90 minutes ça allait être très long. Et ça a été le cas. Entre les remarques stylistiques sur les maillots et la qualité du matériau, les questionnements sur le fait qu'on dise dribble aussi au basket alors que c'est à la main mais qu'« on utilise le même mot, c'est marrant, j'y avais jamais pensé », les changements complets de sujets pile au moment d'un pénalty, et le fait qu'il vous demande tous les quarts d'heure si vous avez pas un petit truc à grignoter (rien que le mot grignoter vous agace, on a faim ou on n'a pas faim mais on ne grignote pas). Par exemple. Vous essaierez de lancer des regards perdus à votre moitié pour lui demander de l'aide, après tout c'est son frère à elle, bordel, et elle sait que le foot, il s'en cogne. La délivrance n'arrivera qu'à la 76e minute quand elle lui proposera de regarder un vieil album photo de quand ils avaient 4 ans. Soit exactement une minute avant que le PSG ne colle un deuxième pion et finisse de tuer le match. Les classico, c'est plus ce que c'était.

15

ALLER AUX TOILETTES AU MOMENT DU SEUL BUT DE LA SOIRÉE

Le foot n'est pas un sport à points comme le basket ou le rugby. Ça veut dire que les buts sont rares. C'est pour ça qu'on essaie d'avoir le moins de distractions possible pendant un match, pour ne rien rater. Un SMS auquel répondre, une vérification que l'enfant dans la chambre à côté a fini par s'endormir, et c'est l'accident bête. Mais comme il n'est pas rare qu'une soirée foot soit accompagnée de quelques bières, il arrive un moment où le corps dit stop et demande un arrêt technique. Et si on a mal calculé son coup, il arrive aussi que ce moment ne soit pas la mi-temps. Alors un jour, c'est certain statistiquement parlant, il vous arrivera d'entendre vos amis crier de joie ou de désespoir pendant que vous tendez l'oreille depuis les toilettes*. Et ce jour-là, vous regretterez de ne pas aimer le basket.

* Si vous êtes fan du PSG et qu'on parle d'un match retour contre le Real, il se peut même que vous ayez raté non pas un mais deux buts, et que vous soyez ressorti des toilettes avec le surplus de bière éliminé et le PSG aussi.

16

ÊTRE SUPPORTER DE LYON, MAIS UNIQUEMENT DEPUIS 2008

Vous en êtes venu à devenir supporter lyonnais à force d'être bercé par les histoires des plus anciens et le mythe des 7 titres consécutifs de 2002 à 2008. Vous vous êtes dit que ça serait facile, que vous vous prépariez à des grandes soirées de foot, qu'il n'y aurait qu'à se baisser pour ramasser les trophées comme depuis le début du nouveau siècle. Oui mais voilà, vous êtes arrivé un peu tard. Supporter l'OL aujourd'hui, c'est un peu comme arriver à une soirée à 3 heures du matin parce qu'un ami vous a appelé en vous disant que l'ambiance était folle, mais le temps de vous préparer et d'arriver, l'ambiance était nettement retombée, et on était à l'étape « mettre toutes les bouteilles vides dans une poubelle ». Vous n'avez donc eu depuis qu'une coupe de France à vous mettre sous la dent. Rassurez-vous, c'est en fait vous qui êtes dans le vrai. Sept titres de suite, ce n'est pas la vraie vie de supporter. La déception, la frustration, ça y ressemble déjà plus.

17

ÊTRE INVITÉ À UN MARIAGE UN SOIR DE FINALE

Beaucoup plus problématique que le resto en pleine semaine, l'invitation à un mariage pendant une grande compétition internationale, souvent en juin ou juillet, est un cauchemar. D'abord parce qu'on ne peut pas refuser (surtout quand on est témoin), même si vous avez de sérieux doutes sur le ou la mariée. Ensuite parce que la salle de mariage est souvent en pleine campagne, et qui dit pleine campagne dit peu ou pas de réseau. Et enfin parce que vous intéresser à un match de foot en ce jour béni des dieux pour votre ami pourrait vous faire passer pour un parfait rustre. Vous voyez les choses autrement : vous n'êtes pas celui qui a choisi cette date, vous la subissez, alors vous vous adaptez. Une fois la cérémonie passée (ils ont dit « oui » tous les deux, ce qui ne vous arrange pas), discrètement, vous vous retrouvez à faire des petits allers et retours dans votre voiture pour voler quelques minutes du match à la radio, même si on sait tous qu'il n'y a rien de plus stressant que d'écouter un match à la radio. C'est plus fort que vous, mais si cette demi-finale se passe bien, vous savez que dans l'élan de joie, vous serez le premier à faire la chenille et à faire de ce jour un jour unique pour votre ami. Si au contraire le score vient à être défavorable, vous passerez votre soirée à râler mollement auprès de votre voisin de table qui vous demandera de sourire, notamment pour lui dire que la viande est arrivée froide. Ce qui est le cas d'un mariage sur deux et personne n'en parle.

18

ENTENDRE LE DIRECTEUR SPORTIF DE TON ÉQUIPE FAVORITE DIRE « LE MERCATO SERA TRÈS CALME »

Ou comment se faire spoiler avant même le début des réjouissances estivales. Vous attendiez ça depuis 6 mois et l'autre là, avec son titre de directeur sportif qu'il aura sûrement perdu d'ici quelques semaines, vient de briser vos rêves de nouveauté en conférence de presse, en annonçant que faute de budget, l'équipe aurait à peu près le même visage la saison prochaine que cette année. Spoiler c'est mal. Et annoncer qu'une fête annuelle très attendue est annulée, c'est pire. Surtout que vous aviez quelques pépites dans votre escarcelle, abordables en plus, que vous rêviez de voir débarquer. Au fond, c'est vous qui devriez être directeur sportif.

19

AVOIR LE BON SCORE DU MATCH DU SOIR MAIS NE PAS AVOIR PARIÉ

Vous aviez pourtant tout vu, l'ouverture du score de l'adversaire à domicile, et le retournement complet de situation pour finir à 1-4. Grosse fierté d'avoir bien senti le coup, ça se confirme, vous en connaissez un rayon sur le football, fallait le trouver celui-là. Le seul petit souci, c'est que vous avez simplement oublié de valider votre pari. Ce n'est pas vraiment la somme que vous ne gagnerez pas qui vous embête, c'est surtout que personne ne croira que vous aviez le bon score. N'empêche, vous, vous savez.

20

AVOIR BESOIN D'ALLER AUX TOILETTES À LA MI-TEMPS DANS UN STADE

Pour bien faire, il faudrait un peu anticiper et se lever dès la 40e minute pour satisfaire ce besoin naturel (qui n'a finalement pas grand-chose de naturel quand on pense aux trois pintes qu'on s'est enfilées avant le match), avant le gros rush de la mi-temps. Mais vous ne voulez rien rater du match, vous y allez donc à la pause. Pause que vous passerez par conséquent à attendre dans une queue sans fin, environ 25 000 autres spectateurs ayant visiblement eux aussi fait un petit arrêt bière avant le match. Prenez votre mal en patience et voyez les choses du bon côté : les femmes dans le stade bien que 10 fois moins nombreuses attendront 3 fois plus longtemps. On se console comme on peut en croisant les jambes et en essayant de penser à autre chose.

21

ENREGISTRER UN MATCH MAIS CONNAÎTRE LE SCORE AVANT DE POUVOIR LE MATER

Ne pouvant pas regarder le match ce soir à cause d'un concert quelconque, vous aviez prévu de le regarder tranquillement ce soir de retour à la maison. Mais pour ça, il était important de ne pas connaître le score, afin de vivre avec quelques heures de décalage les mêmes frissons que ceux qui avaient eu les joies du direct. Vous aviez donc tout fait dans les règles de l'art. Prévenir vos amis de la situation risquée pour ne pas se faire spoiler. Couper les réseaux sociaux dès le début de soirée. Observer les gens autour de vous avant le concert pour vous éloigner d'un potentiel supporter de foot frustré lui aussi et pouvant être une source malheureuse. Rentrer chez vous en baissant la tête dans les transports ou en coupant la radio dans la voiture. Tout était parfait jusqu'à ce que vous croisiez un voisin dans l'ascenseur. Un voisin dont vous ne connaissez même pas le nom et à qui vous n'avez pas parlé depuis au moins deux ans, mais qui ce soir-là ne supporte pas le pourtant classique malaise ambiant d'un ascenseur et ose un « alors 2-0 ce soir, vous devez être content »... Trahi par un inconnu. À quelques mètres de chez vous.

Les Québécois utilisent dans ce cas le mot *divulgacher*, un mot-valise qui vous semblait particulièrement adapté ce soir-là, résumant parfaitement la désagréable sensation d'avoir eu la révélation d'un secret bien gardé avant son terme, détruisant toute forme d'émotion à venir. S'il ne faisait pas moins 72 degrés 6 mois de l'année à Montréal, vous iriez vivre là-bas.

22

EESSAYER DE RÉPONDRE INTELLIGEMMENT À SON FILS QUI DEMANDE POURQUOI LES GENS CRIENT : « OH HISSE ENCULÉ ! »

La première fois, il buvait tranquillement son Coca, tout heureux d'être au stade, une écharpe autour du cou. Et la scène se répétant à chaque dégagement de gardien, il a fini par se demander pourquoi le virage accompagnait le gardien dans son effort en hurlant systématiquement : « Oh hisse enculé ! » À la question « ils disent quoi, papa ? » vous avez d'abord fait ce que tout père qui se respecte se doit de faire dans ce cas, mélange de principes d'éducation millénaires et de courage, vous avez changé de sujet. « Hein ? quoi ?

Je sais pas. Mange ton sandwich. » Mais il a insisté le petit fourbe : « Nan mais là, ils chantent quoi quand le gardien dégage ? » Alors vous avez pris vos responsabilités et vous avez commencé votre démonstration par « tu sais petit... », mélangeant des concepts comme le pouvoir de la foule qui fait agir et dire des choses qu'on ne dirait jamais seul en dehors du stade, ou le poids des traditions qu'on finit par suivre sans réfléchir, pour faire comme tout le monde et se fondre dans la masse. Ou encore le fait que le stade soit un lieu à part, que la guéguerre entre supporters dépasse rarement le cadre du symbole. Ou enfin que les relents probablement homophobes de ces chants seraient sûrement balayés du revers de la main si on nous en accusait, et pourtant... Ça, c'est ce que vous auriez dû dire. Mais vous avez répondu : « Tu sais, papa il sait pas tout. Mais dans le foot, tout n'est pas super, hein. Y a des choses qu'on ne voudrait plus voir ou entendre. Il est bon ton sandwich ? »

23

S'ENTENDRE DIRE SOI-MÊME : « ARBITRE ENCULÉ ! »

Alors que d'habitude vous êtes quelqu'un de souriant, gentil et plutôt calme. Le stade a donc des pouvoirs que la raison ignore. Notamment quand on se rend compte qu'on a Gilles de La Tourette mais uniquement dans les tribunes. Vous regardez à droite et à gauche pour vérifier que personne ne vous a entendu crier ça, mais tout le monde est dans son match et vous n'êtes qu'un billet parmi les 24 768 autres. Quand même, ça fait un petit choc.

24

REGARDER UN MATCH EN STREAMING. OU TENTER DE REGARDER UN MATCH EN STREAMING.

Cette année, vous aviez décidé d'être un peu plus rationnel dans vos dépenses. Et donc de ne pas vous abonner aux quatre chaînes nécessaires pour voir tous les matchs. Mais qui dit pas d'abonnement dit « streaming ». Et qui dit streaming dit « accepter-les-quelques-emmerdes-qui-vont-avec-mais-bon-c'est-gratuit-alors-ça-va ». À quelques minutes du match, vous entamez le marathon des étapes du streaming :

1. Vous ouvrez donc votre PC pour chercher le bon lien sur Google, vous cliquez.

2. Vous pensez que c'est le bon, mais visiblement le site a fermé.

3. Vous choisissez un autre lien sur Google, Streamfoot.com, parce qu'un pote vous a dit que c'était le meilleur site, que lui n'avait jamais de problèmes, et vous vous rappelez qu'il vous avait déjà dit ça pour le lien précédent.

4. Vous cherchez le bon match sur Streamfoot, vous cliquez sur OM-Lyon et vous arrivez sur un match de D1 mexicaine. Certes il y a Gignac, mais vous cherchiez plutôt l'OM actuel. Le match commence dans deux minutes.

5. Vous arrivez finalement sur la bonne page avec cinq streams possibles pour l'Olympico. Vous devez vous abonner sur un site de pari pour le premier. Le deuxième ne se charge pas. Le troisième vous envoie le son de *Jump* de Van Halen signifiant l'entrée des joueurs, mais vous n'avez pas d'images.

6. Le quatrième lien est le bon. Vous devinez le Vélodrome derrière deux pop-up pour des jeux en ligne. Vous cliquez sur la petite croix rouge pour fermer ces fenêtres. Ce n'était pas la bonne petite croix et ça vous ouvre deux autres onglets sur votre navigateur. Et aussi une nouvelle fenêtre pour rencontrer des filles chaudes de ta région.

7. Vous ne trouvez plus le bon onglet avec le match mais vous entendez le coup d'envoi.
8. Finalement, vous retombez par hasard sur le bon onglet parmi les 45 autres qui se sont ouverts. Vous trouvez la minuscule petite croix sur laquelle il fallait effectivement cliquer pour fermer les pop-up. Le match a commencé mais vous pouvez enfin le voir.
9. La fenêtre vient de freezer, l'image est bloquée sur une frappe de Rongier et personne ne veut voir ça. Vous recommencez tout le process, calmement, devenant expert des vraies et des fausses petites croix. Quand l'image revient, l'OM mène 1-0. Vous êtes content mais vous n'avez rien vu.
10. L'image freeze à nouveau. Vous recommencez à nouveau le process. Maintenant Lyon mène 2-1 « dans un match de fou, on n'avait pas vu ça depuis très longtemps, un match parti sur ces bases-là », dit le commentateur. L'image re-re-freeze, deux nouvelles pop-up apparaissent, dont l'une qui me dit que Tatiana est à moins de 5 kilomètres de chez moi.
11. Vous fermez le PC pour ce soir. L'OM gagnera finalement 3-2 dans les arrêts de jeu pour un match qui restera dans les annales. Selon ceux qui l'ont vu en tout cas.

25

SE DIRE QU'ON S'EST TROMPÉ DE SPORT QUAND ON VOIT UN JOUEUR SIMULER GROSSIÈREMENT

Il n'y a que ceux qui n'ont jamais joué au foot qui disent qu'à chaque fois qu'un joueur tombe, il en rajoute. C'est la réputation du footballeur, et elle n'est pas forcément usurpée, mais prendre un coup avec des crampons, même moulés, sur le dessus du pied, on est d'accord que ça peut faire très mal. Pourtant, c'est quand même toujours surprenant, pour ne pas dire plus, de voir un joueur simuler grossièrement une faute, et la douleur théâtrale qui en découle, ALORS QUE LE MATCH EST FILMÉ, LES MECS, par au moins une dizaine de caméras. Les mêmes caméras capables de nous dire à 2-3 centimètres près si le nez d'un mec lancé à pleine vitesse est hors-jeu. Ces mêmes caméras qui nous montreront que le coup reçu en plein visage lui a en fait vaguement touché les cheveux, que la grosse bousculade dans la surface est un énième coup de bluff pour obtenir un péno, que sur la contre-attaque le joueur a fait mine d'être retenu parce qu'il avait une fois de plus trop poussé son ballon (ce qu'il fait une fois sur deux). Toutes ces tentatives théâtrales ayant pour seul but d'abuser l'arbitre, et une partie du public dans le stade, font maintenant partie intégrante de ce sport. On ne veut pas comparer le football à d'autres sports, et notamment aux fameuses « valeurs de l'ovalie » où on se colle plus ou moins discrètement des pains en pleine tronche à longueur de match, mais mis à part le *flop* au basket, il faut reconnaître qu'il n'y a quasiment qu'au football que la simulation est élevée au rang d'art. Au point de faire dire qu'un joueur ayant bien simulé a « bien joué le coup ». À tel point que si un joueur prend les devants et avoue sa simulation auprès de l'arbitre, on parle de « fair-play », alors que ça devrait être la norme. On sous-entend ainsi que le reste du temps le jeu n'est pas *fair* du tout. C'est ridicule, mais c'est aussi le football.

26

SE DIRE QU'ON S'EST TROMPÉ DE SPORT QUAND ON VOIT UN JOUEUR INSULTER L'ARBITRE

La scène est connue : une faute vient d'être sifflée, il est donc complètement normal que la moitié de l'équipe vienne s'en plaindre auprès de l'arbitre. Le footballeur travaille en meute, entourant sa proie comme le feraient des chiens pendant la chasse à courre. Au point de venir très, très près de ce même arbitre pour lui signifier qu'il a tort. Plus on pense qu'il a tort, plus on s'approche. Le capitaine de l'équipe fait mine d'éloigner ses coéquipiers pour prendre la parole seul, mais c'était sans compter sur un défenseur qui traversera tout le terrain pour faire comprendre son désaccord à l'arbitre.

Tout ça parce qu'une légende, un mythe raconte dans les centres d'entraînement pros et dans les vestiaires de district qu'une fois, il y a très longtemps, vraiment très longtemps, un arbitre inversa sa décision parce qu'il avait été harcelé et insulté par toute une équipe. Ça n'a plus jamais marché depuis, mais visiblement tout le monde continue de tenter sa chance. C'est fou la force des légendes, hein ?

27

RÉALISER QUE LES NOUVEAUX MAILLOTS SERRÉS VACHEMENT PRÈS DU CORPS, EN FAIT, ÇA VOUS BOUDINE UN PEU

Fini les maillots amples des années 1990, aujourd'hui la mode est à la taille ajustée. Sur votre joueur favori et sur le mannequin dans le magasin, il rend super bien ce nouveau maillot. La coupe, la couleur, le sponsor discret faisant ressortir l'emblème du club... Oui mais sur vous, ça boudine. Vous avez beau rentrer le ventre quand vous le mettez pour la première fois, ça ne peut pas durer, personne ne peut vivre en apnée. Vous êtes plus proche de la chipolata de supermarché que de l'attaquant svelte que tout le monde s'arrache. Aimer le football, c'est aussi accepter son corps. Et se dire que ce n'est pas plus mal que vous ne soyez pas sur la photo officielle du club.

28

ACHETER UN SANDWICH À CÔTÉ D'UN STADE. ET ESSAYER DE LE MANGER.

Manger un sandwich / hot-dog / galette-saucisse, ça fait partie de l'expérience quand on se rend au stade. Enfin, on parle là de la majeure partie des stades, pas des plus récents, un peu aseptisés, donnant parfois l'impression d'être dans un aéroport. Nan, on parle là d'un stade à l'ancienne, dans son jus, avec une petite équipe « réception » en charge de la bouffe, rapidement dépassée par le trop de monde tout d'un coup. Et donc d'un hot-dog qui se limite à un bout de baguette sans mie, où on trouve, parfois, une saucisse explosée. D'un « sandwich merguez trop cuite » acheté dans la fumée, dans lequel ce sera à toi de mettre de la mayonnaise/ du ketchup en appuyant trop fort sur un grand poussoir.

D'une barquette en plastique de frites pas assez cuites, dont la principale qualité est d'être bien salée. D'un « panini fauxmage », parce que le terme fromage serait ici clairement usurpé. On en laissera sûrement la moitié, mais ce n'est pas grave, le match commence, on a déjà oublié.

29

ESSAYER D'EXPLIQUER LE HORS-JEU À QUELQU'UN SANS S'ÉNERVER

Expliquer l'évidence avec des mots simples, c'est compliqué. Le hors-jeu, vous êtes capable de le détecter en quelques secondes, presque plus vite que l'arbitre de touche, et vous affirmez ne pas avoir besoin de la VAR pour ça. Mais quand il s'agit de l'expliquer à une vague connaissance – qu'on appellera Kevin, accompagnant des amis et venue à la maison un soir de match – qui vous pose la question en plein match, vous galérez un peu... Parce que, oui, la règle 11 dit qu'un joueur se trouve en position de hors-jeu si, dans la moitié de terrain adverse, il est plus près de la ligne adverse que le ballon et l'avant-dernier adversaire au moment où le ballon lui est transmis. OK, d'accord, mais ça c'est uniquement si vous aviez lu Wikipédia. Quand vous l'expliquerez avec vos mots à vous, ça sonnera moins bien. Surtout quand un pote ajoutera que « sur la même ligne par contre y a pas hors-jeu ». Et un autre que « si la balle est donnée par un adversaire y a pas hors-jeu non plus ». « Pas non plus sur une touche », ajoute un autre. Et le premier reprend : « Mais attention au hors-jeu passif. » Kevin, il fera oui de la tête comme s'il avait compris, en disant « ahhh d'accord », mais on sent qu'il est perdu et la question qu'il vous pose, c'est surtout : « Est-ce qu'il reste des chips dans la cuisine ? »

30

HURLER QU'IL Y A PÉNALTY, C'EST ÉVIDENT

Mais oui, évidemment. Et vous fêtez déjà le but à venir comme si le tableau d'affichage avait bougé. Pourtant un de vos amis a un doute, la faute ne lui semble pas si évidente. Vous partez alors dans un monologue mémorable : « Un doute de quoi ? Un doute de quoi, hein ? C'est ça ton problème, la faute elle est évidente, on le voit tous, il se fait faucher dans la surface, péno, fin du débat. Mais toi, t'es là "oh je sais pas trop", à pas t'enflammer et à faire le pisse-froid, comme d'habitude. Mais t'as le même souci dans la vie, y a rien qui te fait plaisir, je te le dis, moi, tu vas avoir des problèmes à faire chier le monde comme ça, sois content, bordel, y a péno ! » Et puis la VAR qui est appelée dans votre dos pendant votre réquisitoire. Et puis les ralentis, qui montrent sous tous les angles qu'il n'y a pas du tout pénalty. Petit silence. On boit une gorgée et on garde la face : « Tu vois cet arbitre-là, il est comme toi, il est jamais content… »

31

METTRE 40 SECONDES À RÉALISER QUE LE BUT EST EN FAIT HORS-JEU

Vous avez sauté du canapé pour courir dans toute la pièce. Vous avez même un peu crié, ce qui vous a valu « hé oh, on a des voisins, je te rappelle ». À la 81e minute, en même temps ça se comprend, il fallait que tout ce stress sorte d'une manière ou d'une autre. Vous vous remettez à y croire, ce but-là, il change tout. Mais ce but que vous fêtez comme un taré depuis une minute, il est hors-jeu. Pas de beaucoup hein, 10 centimètres peut-être, mais assez pour que l'arbitre l'annule. Assez aussi pour que vous regardiez en face votre joie soudaine et que vous perceviez ce qu'elle avait d'un peu ridicule. Il y a peu de moments dans la vie « normale », hors foot donc, où on se réjouit comme ça de choses que l'on efface l'instant d'après, dans la foulée. Et heureusement parce qu'on se sent bien con. Saloperie de hors-jeu.

32

ALLER PLEURER DANS LE JARDIN UN SOIR DE JUILLET 1982, OU DE 2006

Ce soir-là on y avait cru, longtemps, « enfin » on se disait. Et puis sur un claquement de doigts les choses tournent. On comprend que l'on peut perdre. Ceux qui sortent de la pièce pour ne pas voir ça. On voudrait presque les rejoindre mais on ne peut pas s'empêcher de regarder le spectacle, la mise à mort, collé à l'écran comme devant un film d'horreur, terrifié et fasciné. Vivre chaque tir au but en scrutant la réaction du joueur et celle de ses acolytes dans la pièce. Du soulagement de quelques instants à des cris étouffés. Ceux qui serrent les dents, muets. Bossis, le meilleur homme de la soirée qui s'élance, et Schumacher qui a compris, le poing levé. Le vaincu qui s'accroupit en se tournant vers ses camarades, s'excusant presque, le regard déjà ailleurs de celui qui réalise, mais ne comprend pas. Et le grand Hrubesch, qui s'élance sans même prendre le temps de replacer le ballon sur le cercle de craie et achève la soirée d'un tir moyen, mais suffisant pour mettre un terme aux espoirs d'exploit. Un grand silence tandis que les Allemands se congratulent. On n'ose plus parler, plus trop lever la tête de peur de croiser un visage. Un « c'est pas possible » susurré. Une main devant la bouche, quelques larmes. Et ce regard qui ne peut pas encore se détacher de l'écran, l'esprit prostré, attendant une autre fin, espérant un miracle. Le ballon qui ne m'avait pas quitté du match ne roulait plus sous mes pieds, mais dégageait au fond du jardin, touchant l'arbre au passage. Poteau. C'était pas le jour.

On a revécu la scène 24 ans plus tard, en 2006, après un coup de tête. Avec 24 ans de maturité en plus. Alors cette fois, on n'a pas pleuré devant tout le monde, on n'a pas balancé de ballon dans le jardin, mais on est allé « faire un tour ». C'est comme ça qu'on dit qu'on a grandi et qu'on doit cacher sa peine.

33

REGARDER UN MATCH AVEC UN COPAIN QUI, LUI, SUPPORTE L'ÉQUIPE QUI GAGNE

Ça semblait être une bonne idée au départ. Plutôt que de regarder le match tout seul, vous décidez de le regarder avec un pote. Un vrai bon pote. Un gars qui connaît le foot, avec qui vous débriefez des matchs à la mi-temps au téléphone, un gars avec qui vous partez en vacances, à qui vous avez déjà prêté de l'argent et que vous appelleriez si vous aviez un gros, gros coup dur (on vous voit venir, mais il y a plus quotidien que « cacher un corps »). Bref, un gars sûr. Mais il y a un hic, un problème fondamental, une cicatrice qui ne se refermera jamais : le gars sûr en question, il supporte le PSG, et vous, l'OM (on vous voit venir encore, on sait que l'ordre des choses fait qu'on ne devrait même pas être amis, mais la vie est pleine de surprises). Et du coup ces 10 dernières années, regarder un classico avec lui était un brin compliqué. Parce que se faire chambrer tout le match pour une défaite quasi assurée sauf miracle, c'est dur, même par quelqu'un qu'on aime, ou surtout par quelqu'un qu'on aime. C'est long. C'est énervant. C'est frustrant. C'est blessant. Etça donne envie de changer de sport. Et d'ami. Même si c'est votre ami, et que ça le restera pendant encore des décennies, bizarrement pendant 90 minutes, vous aimeriez ne l'avoir jamais rencontré. Ni lui ni le PSG.

34

REGARDER UN MATCH SANS ÊTRE SUPPORTER D'UNE DES DEUX ÉQUIPES

Sans doute encore plus pénible que le point précédent. Parce que, oui, vous aimez le foot, vous adorez ça même. Mais lorsqu'on en est à ne voir que le côté esthétique de ce sport, les tactiques en place, sans l'émotion et la passion, il manque un truc. Fermez les yeux et pensez aux matchs les plus marquants qui vous viennent en tête. Combien ne sont pas avec votre/vos équipes de cœur ou votre équipe nationale ? On est proche de zéro. Alors des fois faites autre chose parce que rien que vous regardiez là ne marquera fortement votre esprit. Éteignez la télé, et allez faire un tour. C'est bien la vie dehors aussi.

35

SE FAIRE EMMERDER PAR UN FAN DE RUGBY ET SES VALEURS DE L'OVALIE À LONGUEUR DE TEMPS

— On ne verrait pas ça au rugby.
— Nan, c'est vrai, mais là en même temps y a corner...
Vous n'en pouvez plus de celui qui se targue à longueur de match des valeurs de son sport. Au rugby, on ne triche pas. Au rugby, on ne simule pas. Au rugby, on pense collectif. Oui, le rugby promeut certaines valeurs. Mais quel est le besoin de le rappeler aussi souvent ? Et ces valeurs existent-elles forcément en contrepoint de celles du foot ? Vous aussi, vous en avez marre des quelques dérives du ballon rond, de son individualisme forcené, de sa théâtralité. Mais ça ne vous donne pas autant envie de taper sur lui que sur un sport pas foutu d'avoir un ballon rond qui roule normalement,

un sport où on cherche à *concasser, enfoncer, marcher sur l'adversaire*, un sport où même ceux qui regardent depuis 20 ans ont parfois du mal à nous expliquer des règles qui changent tous les ans, un sport où ne plus avoir de cartilage dans les oreilles est un signe de bravoure, et enfin un sport où on vous regarde comme un parvenu, un « Parisien », si vous n'avez simplement pas l'accent du Sud-Ouest.

36

SE SENTIR OBLIGÉ DE LIRE UNE BIOGRAPHIE DE JOUEUR AU MOINS UNE FOIS

Et le faire. Et comprendre que finalement, même en vacances et sur la plage, 212 pages sur un gars qui n'avait rien pour lui au départ, qui court vite, est super adroit de ses pieds, qui pense que « la récupération après les matchs c'est super important », et que quand il fait beau, la vie est plus agréable... ben, c'est long. Surtout que vous n'êtes même pas sûr que, lui, il l'ait lu son bouquin, écrit par un journaliste dont on ne connaîtra jamais le nom. Vous n'êtes pas certain qu'il ait vraiment choisi le titre « Croire en ses rêves ». Alors à la page 212, vous poussez un grand ouf de soulagement et vous vous remettez de la crème solaire en vous promettant de ne plus vous infliger ça.

37

ALLER À UN MATCH POUR UN BON 0-0

Car la légende raconte que, oui, il y a des bons 0-0. Un sport, où l'objectif principal est simplement de faire passer le ballon de l'autre côté d'une ligne, pourrait produire un bon match alors que 22 joueurs surentraînés ne sont pas arrivés à le faire une seule fois pendant plus de une heure trente. C'est long 90 minutes pourtant, ça laisse le temps d'essayer plein de fois. Comme si lors d'une compétition de saut à la perche aucun athlète ne passait aucune barre, mais que c'était pas grave parce qu'« ils y avaient quand même mis tout leur cœur ». Non, une soirée où les seuls buts que tu vois sont ceux des gamins du coin pendant le challenge à la mi-temps ne sera pas une bonne soirée. On aura peut-être vu des superbes tacles, des corners incroyables, des magnifiques fautes d'anti-jeu, mais il manquera toujours l'essence même du foot, le but. Même foireux, on prend.

38

PARTIR DEUX MINUTES AVANT LA FIN ET RATER LES DEUX BUTS QUI COMPTENT

Après, il faut bien reconnaître que vous n'y mettez pas du vôtre. Le match n'était certes pas mémorable, une défaite 1-0 qui se profile sur un but raccro, le seul tir cadré du match, mais pourquoi partir quelques minutes avant la fin ? Pour gagner trois minutes sur le parking, pour ne pas se retrouver un peu compressé dans le métro ? Le foot n'a pas toujours grand-chose à offrir sur le terrain, alors si vous devenez sélectif... Résultat : vous quittez votre siège à la 85e minute pour sortir du stade, jetant tout de même un dernier coup d'œil au terrain quand vous êtes en haut des escaliers. Toujours rien, vous partez. Et deux minutes plus tard, alors que vous êtes encore dans le stade à marcher vite à la Yohann

Diniz vers la sortie, la clameur de la foule qui exulte vous fait comprendre votre erreur. Partagé entre la joie de cette probable égalisation et la frustration de ne pas l'avoir vue, vous hésitez à revenir sur vos pas. Mais vous considérez que c'est trop tard, vous continuez à avancer. Il ne se passera plus rien de toute façon, un match nul inespéré. Plus rien, sauf le deuxième but dans la minute qui suit et le stade qui explose. C'est trop, vous faites demi-tour et courez vers le stade, prenant haletant la première porte qui se présente. L'arbitre siffle la fin exactement à ce moment-là, le stade est debout, victoire 2-1. La prochaine fois, c'est juré, vous aussi, vous ne vous lèverez que pour les buts, pas pour partir en vacances.

39

VOIR TON ÉQUIPE SE BATTRE POUR SE QUALIFIER EN COUPE D'EUROPE ET FAIRE JOUER DES JUNIORS L'ANNÉE D'APRÈS

Un mystère, y a pas d'autres mots. Le même mystère qui frappe la plupart des clubs français qui jouent la Coupe d'Europe, enfin l'Europa League principalement. Toute l'année précédente, ces clubs se sont battus pour finir quatrièmes ou cinquièmes et avoir le plaisir d'offrir à leur public la saison suivante la magie des grands soirs des joutes européennes. Enfin, ça, c'était l'idée avant de se qualifier. Une fois qualifiés, les clubs français, qui ne la gagnent JAMAIS, ne la jouent pas complètement à fond. Expliquant qu'ils n'ont pas l'effectif pour jouer deux compétitions pleinement, ayant trop à perdre en Ligue 1. Parce que la logique, c'est d'abord de bien figurer en championnat. Un championnat qu'ils ne pourront pas gagner parce que le PSG est là. Mais un championnat qui leur permettra de se qualifier pour une Coupe européenne. Qu'ils ne joueront donc qu'à moitié. Et ainsi de suite. Un mystère, on vous dit.

40

ADORER LE FOOT MAIS CHOISIR D'ÊTRE ARBITRE

La pub pour promouvoir l'arbitrage dans le foot disait « on n'a pas le maillot mais on a la même passion ». On dirait même que pour être arbitre de foot, la passion doit être bien supérieure à celle du moindre joueur de foot. Parce qu'être arbitre, c'est un sacerdoce. C'est accepter d'être jugé par le premier blaireau en tribune qui, lui, sait qu'il n'y avait pas pénalty, il le sait, il l'a vu. C'est encaisser d'être insulté par des supporters, des parents au bord du terrain, des entraîneurs qui ne sont pas d'accord avec votre décision, abruti. C'est être bousculé par des joueurs pros sous tension, qui gagnent en un match ce que vous gagnerez en un an et vous méprisent pour ça, parce que vous n'êtes forcément pas au niveau, vu que eux ne font jamais d'erreurs.

Vous auriez pu être arbitre de tennis faisant taire le public d'un mot, arbitre de rugby qui repousse des monstres de 2 mètres et 120 kilos juste en le demandant gentiment, être arbitre de volley en regardant tout le monde de haut. Mais vous avez choisi le foot.

41

RÉALISER QUE SON FILS (OU SA FILLE) EST NUL(LE)

Vos efforts bien visibles (ballon à chaque anniversaire, visionnages de matchs obligatoires...) avaient pourtant payé. Il avait choisi le foot et vous deveniez officiellement un parent de joueur. À vous les entraînements sur le bord du terrain, les conseils vociférés pendant les matchs le samedi, les débriefs dans la voiture au retour. Oui mais voilà, il y a un hic. La descendance, elle, le foot c'est pas trop son truc. Vous aviez bien vu que c'était un peu compliqué au moment des jongles, que les seuls buts marqués c'était à l'entraînement quand il n'y avait pas de gardien. Qu'il avait commencé attaquant, avant de passer arrière droit, et rapidement de devenir gardien. À cet âge-là, à part quand tu as la vocation (et/ou que tu aimes les équipements), reculer autant sur le terrain et devenir gardien, ce n'est jamais très bon signe. Disons que c'est déjà un signe que si tu as un plan B à « devenir footballeur », joue-le à fond. Alors vous ravalez votre fierté, parce que vous êtes un bon papa, et vous applaudissez à tout rompre lorsque par hasard il arrête un pénalty, sans bouger, parce qu'il est tiré directement sur lui. Ce ne sera jamais Neuer votre enfant, mais de mémoire vous n'étiez pas non plus Mbappé, n'oubliez pas.

42

ÊTRE ASSIS LORS D'UN MATCH EN DÉPLACEMENT AU BEAU MILIEU DE LA TRIBUNE DES SUPPORTERS ADVERSES

Et donc devoir cacher au mieux ses émotions pendant le match. À écouter ce que vous entendez autour de vous, ça serait préférable de vous faire passer pour un supporter local ou un simple spectateur. Ici on aime son équipe, fort, et on déteste ceux d'en face, fort aussi. Vous retenez la leçon et ne montrez pendant le match aucun signe d'appartenance à « ces salopards du Sud » (c'est comme ça que vient de les appeler la dame très, très énervée à votre gauche). Le gamin que vous ne connaissez pas assis à votre droite, lui, n'a pas saisi la nuance. Alors quand il se lève pour fêter le but de l'équipe visiteuse qu'il supporte comme vous manifestement, vous le tirez par le bras pour le faire se rasseoir. Il ne comprend pas et vous regarde d'un air surpris, avant d'entendre les insultes fuser autour de l'armée ennemie que vous composez à vous deux. D'un « chut », il saisit le service que vous lui avez rendu. Vous fêterez le deuxième but en vous regardant et en cachant difficilement un sourire.

43

REGARDER TOULOUSE-BORDEAUX EN ENTIER. OU BREST-TROYES.

Votre maladie footballistique peut s'exprimer de plein de manières différentes. Par exemple, par le fait de regarder en entier des matchs horribles, qu'on appelle communément des purges, que seuls les entraîneurs et supporters des équipes nommées vont s'imposer, et encore pas tous. Le médecin vous a pourtant dit d'essayer d'arrêter, de couper la télé au bout de 15 minutes sans une seule frappe au but, de compenser en allant faire du sport pour votre bien et celui de votre famille : « Quel exemple êtes-vous en train de donner à vos enfants, monsieur ? » Mais c'est plus fort que vous, vous attendez l'exploit, la frappe cadrée qui fera mouche, vous vous dites qu'on ne sait jamais. Alors que globalement on le sait. Il ne se passera rien cette fois-là non plus.

44

CHOISIR DE NE PAS REGARDER UN MATCH ET ENTENDRE QUE C'ÉTAIT PEUT-ÊTRE LE MATCH DU SIÈCLE

C'est arrivé la fois où vous aviez choisi délibérément de ne pas allumer la télé et de faire autre chose. Un 4-3 incroyable qui, le lendemain, fera écrire à *L'Équipe* en une : « HISTORIQUE », en majuscules. Un renversement comme on en voit rarement. Des buts plus beaux les uns que les autres. Le plus dur là-dedans, c'est presque la tête de vos potes le lendemain quand on vous demande votre avis après 10 minutes de débrief endiablé. Vous marmonnez un « J'ai pas regardé... » « Pardon ? » « J'ai pas regardé ! » Un peu interloqués, vos amis baissent la tête, l'air grave, s'imaginant qu'il vous est arrivé quelque chose d'important au point de manquer ça. Même pas. Ça vous apprendra à essayer d'avoir une vie.

45

OUBLIER SES PROTÈGE-TIBIAS

Prise seule, cette phrase pourrait être difficile à comprendre. Mais elle pourrait être le symbole de la réalité du foot pour 99 % d'entre nous : le foot de district. Et quand on est baigné d'images glamour, aseptisées, du monde professionnel tous les week-ends, le retour à la réalité est un peu brutal. Oui, dans le foot de district, celui qui se joue sur un terrain bosselé entouré de mains courantes en béton, il y a toujours un joueur qui a oublié ses protège-tibias. Ou ses chaussettes, parfois vous d'ailleurs. Un gars qui fume juste avant de rentrer sur le terrain, un gars qui arrive en retard parce qu'il bossait hier soir, un autre qui arrive en retard parce qu'il est sorti hier soir, un qui a perdu la clef du vestiaire, un qui demande contre qui on joue, un autre qu'il faut aller chercher à la buvette, un qui veut pas faire l'arbitre de touche, un qui dit tout le temps que c'est sa dernière saison là vraiment... Et tous ces gens font une équipe bancale mais qu'on est content de retrouver tous les week-ends. Le foot de district, c'est un peu la cour des miracles. Mais sans protège-tibias.

46

SUPPORTER LA VAR, CE CASSEUR D'AMBIANCE

On a gueulé plein de fois contre ce sport qui refusait la modernité. Le foot qui continuait de mettre sur les seules épaules de l'arbitre des décisions à prendre en une fraction de seconde sur le terrain, alors que nous, nous avions 15 caméras à notre service pour revoir toutes les actions au ralenti, en étant parfois à des milliers de kilomètres de là. On a donc tous – OK, presque tous – réclamé l'arbitrage vidéo, pour ne plus revivre la main de Vata, l'agression de Schumacher, 12 672 buts clairement hors-jeu, au nom de l'équité sportive. Et même si elle est encore aujourd'hui mal utilisée quelques années après son installation, on n'est pas contre la VAR. On est simplement contre le fait qu'elle ait tué les moments de joie instantanée. Parce qu'après chaque but, on a maintenant quelques secondes d'hésitation, voire quelques minutes dans le pire des cas, pour savoir s'il va être validé. Au lieu de fêter tout de suite une frappe en lucarne but en faisant n'importe quoi, même parfois des choses qu'on regrette (je m'excuse encore auprès de ce ficus que j'ai frappé dernièrement et auprès de ce canapé sur lequel j'ai renversé ma bière), on est obligé d'attendre un signal, quelques minutes plus tard, après que l'arbitre ait été vérifier par lui-même sur un écran. Donc d'être content sur commande. Et être content sur commande, on le sait, ça ne marche pas. La preuve : c'était quand le dernier super réveillon du 31 que vous avez passé ? Voilà. Donc *fuck* la VAR.

47

DÉCOUVRIR UN MATIN QUE SES IDOLES ONT ACHETÉ UN MATCH À VALENCIENNES

Ça sonnait faux. On n'en comprenait même pas le besoin. Pourquoi le grand OM aurait été acheter le match contre une équipe qui jouait le maintien ? On disait que ce n'était pas possible, on en riait tellement ça semblait con comme idée. Une équipe qui allait en finale de la Ligue des champions et qui demandait à une petite équipe du Nord de « lever le pied ». Et pourtant. On a vu des accusés se débattre, puis des gens se mettre à table, des juges chercher encore, on a même retrouvé une enveloppe pleine de blé au fond d'un jardin dans le Périgord, histoire de donner un peu de charme et de couleur à cette histoire triste bien noire. Ce jour-là, encore gamin, on a appris à ses dépens qu'il y avait parfois derrière le rêve des affaires bien glauques. Et que la prochaine fois que quelqu'un vous dira « mais non c'est pas possible, et surtout ça n'aurait aucun sens », vous pourrez lui répondre d'un énigmatique « c'est ce que pensait aussi Glassman ».

48

SE RENDRE COMPTE QUE CE QUI PARAÎT FACILE À LA TÉLÉ, C'EST VACHEMENT COMPLIQUÉ EN VRAI

Quand on regarde Roland-Garros, on a souvent une furieuse envie de jouer au tennis et de balancer des grands passing-shots à la Nadal. Quand on regarde Zidane faire une roulette, ou Mbappé effacer un joueur avec un simple jeu de jambes, on se promet de tenter la même chose la prochaine fois sur le terrain. Sauf qu'on avait oublié un truc : ce qui paraît très simple est souvent en réalité le plus complexe à réaliser. Mais eux, les pros, les maestros, ils l'ont travaillé tellement de fois, raté tellement de fois avant de le réussir que maintenant leurs gestes semblent presque naturels. Le corps a appris. Mais la nature va vite te rappeler que toi, tu n'as rien appris du tout, et qu'il te manque encore environ 1 000 heures de pratique rien que sur ce geste. Ce même geste raté qui te coûtera une belle entorse à la cheville quand tu le tenteras le mercredi suivant. Et qui rentrera aussi du coup dans ta légende.

49

SE PRENDRE UNE REMONTADA

Ce match maudit, vous en connaîtrez la date par cœur pendant des décennies. Pour certains, c'est le 8 mars 2017, un soir de Barcelone-PSG, un match connu pour être aux yeux du monde la remontada originelle. Ce mot espagnol, on l'utilise depuis un peu à tort et à travers, dès qu'une équipe se prend 2 buts, dès que vous perdez un match à FIFA. Mais la vraie remontada, celle qui file encore un goût bizarre des années après quand on y repense, c'est autre chose. C'est d'un autre niveau. C'est une douleur sournoise, profonde, intense. Lorsqu'elle se produit, votre équipe avait le match en main et elle s'écroule, l'impensable est en train de se produire sous vos yeux. Vous passez par toutes les émotions.

L'incrédulité d'abord, que vous renvoient les yeux ébahis et le silence de vos amis. L'espoir que ce cauchemar finisse par tourner en votre faveur. La honte quand vous comprenez instantanément que vous allez passer pour des jambons auprès du monde entier, tout comme le club qui aura subi cet affront. La haine quand vous imaginez que vous devrez traîner ce boulet pendant des années avant que quelqu'un ne reprenne le flambeau en faisant encore pire. Des remontadas, chacun a un peu la sienne, mais elles font toutes toujours aussi mal.

50

COMPRENDRE QUE « L'ESSENCE MÊME DU SUPPORTER, C'EST LA DÉCEPTION »

C'est le grand écrivain Nick Hornby qui disait ça en avouant son amour contrarié pour Arsenal. Parce qu'au football globalement, on perd plus souvent qu'on ne gagne. Et que les grosses défaites feront toujours plus mal que les grandes victoires qui paraissent si courtes. Aimer le foot, c'est aussi en souffrir, s'en vouloir de l'aimer, et pourtant y revenir tous les week-ends parce que c'est plus fort que nous. C'est l'histoire de ce couple contrarié entre nous et le ballon rond que reflète cette longue liste de petites emmerdes quotidiennes. Mais rien qui ne nous fasse oublier que ce week-end il y a un match et qu'il faudrait vraiment un important concours de circonstances pour que vous ne regardiez pas, même d'un œil.

VOS PETITES EMMERDES À VOUS

Voilà, c'était pas si compliqué, finalement, de mettre le doigt sur ce qui nous emmerde un peu au quotidien dans notre passion footbalistique. Et l'important, c'est qu'on a vécu ça ensemble, on est une équipe, on se soutient moralement. C'est toujours plus facile quand on est solidaire, et que « le groupe vit bien », c'est ce qui nous mènera à la victoire après les plus grandes défaites. Et pour que cette mise au vert soit complète et vraiment efficace, que chacun ait l'occasion de vider son sac, on vous laisse un peu de place juste ici pour que, vous aussi, vous puissiez exorciser vos petites contrariétés ballonrondesques.

50 (petits) PLAISIRS QUAND ON AIME LE FOOT